“中国小学生爱读本百部经典”活动好在让小学生推荐，让小学生阅读，让小学生成为书的主人。

卢勤

编委会

全国百位优秀小学校长、优秀教师

联合编审

（排名不分先后）

学习型中国·读书工程

小学生爱读本
XIAO XUE SHENG AI DU BEN

30天开窍
学语文

学习型中国·读书工程教研中心 主编

江苏凤凰科学技术出版社
·南京·

∽主编的话∽

亲爱的同学们：

阅读，可以开阔视野，获取新知；阅读，可以跨越时空，纵横古今中外；阅读，还可以和圣贤对话，与经典同行。

杜甫说：“读书破万卷，下笔如有神。”的确，取得作文高分的同学都有相同的诀窍——喜欢课外阅读。因为可以从阅读中学到一些好词佳句，掌握写作技巧，积累更多的写作素材。

为此，我们精心策划了这套“小学生爱读本”丛书，让小学生们评选出自己最喜欢看的“小学生爱读本百部经典”。根据评选结果，我们邀请全国100位优秀小学校长和老师联合编审，本着“强大阵容打造经典精品”的宗旨，精心编纂了这套有利于小学生身心健康成长的大型丛书——中国小学生爱读本百部经典。

这套“小学生爱读本”囊括了中国小学生学习、成长、生活的各个方面，堪称国内较权威、完整的小学生家庭阅读书架。

约翰生说：“一个家庭没有书籍，等于一间屋子没有窗子。”亲爱的同学们，我们殷切地希望你们能多读书、勤读书、读好书，在读书中品味，在品味中思考，在思考中成长。我们也由衷地相信通过阅读这套“小学生爱读本”，你们必定能够吸收到书籍中珍贵的阳光雨露，为日后成长为对人类有贡献的栋梁之才打下坚实的基础。

学习型中国·读书工程教研中心

本书书名。当前你看的是哪本书，在这里可以一目了然。

小巧实用的学习版块。让你为自己找准学习的目标，把握进步的方向。

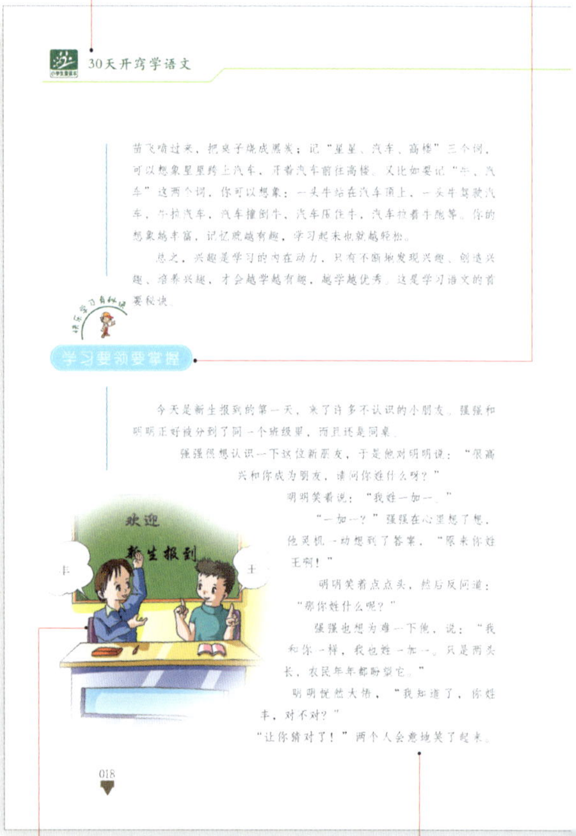

正文。适合小学生阅读的字体字号设计，让你的阅读之旅更舒适。

精美插图。每个知识主题上都配有大量精美的插图，在视觉上创造美观舒适的阅读环境，有助于解除阅读疲劳。

导读

知识的延伸和补充。与学习相关的小知识，能更好地补充课外知识，丰富课余生活。

主题故事。本书以30天为主线，讲述在小学生身边发生的主题故事。

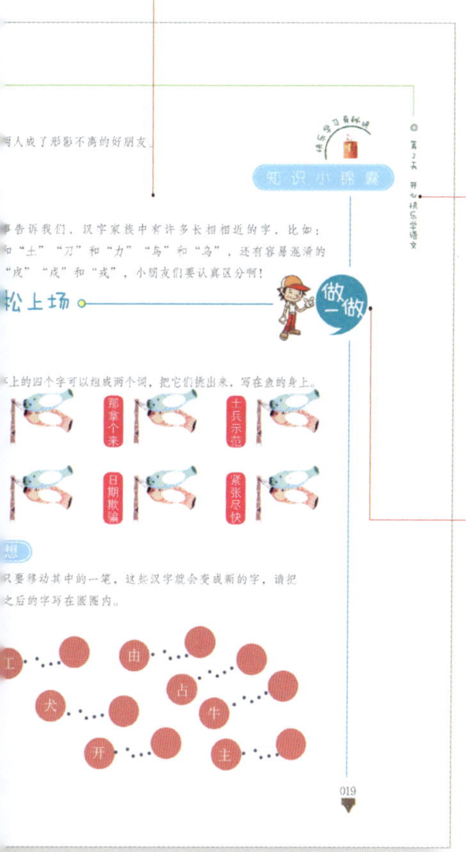

需要我们动手的做一做。练习题中搭配图片，做题的同时体会无穷的乐趣！

需要我们动脑的想一想。这里准备了大量的思考题，让你体会动脑的乐趣。

·本书特色·

1 版式精美

本书版式精美，插图生动，同学们在视觉上会感觉非常舒适，不会有阅读疲劳感。

全彩印刷 2

全套书都采用四色印刷，每一种颜色、每一个字体都是经过精心设计的，符合小学生的审美情趣。

3 故事生动

书中精选的故事都是小朋友们喜欢的，用简单的故事来说明学习的方法，趣味无穷。

版块多样 4

每一天都包括六个学习的版块，内容更齐全，学习更轻松。

5 精选练习题

动手和动脑的练习题，能够促进小学生全面发展。题中配有趣味插图，让你做不停！

名家荐言寄语

“中国小学生爱读本百部经典”活动好在让小学生推荐，让小学生阅读，让小学生成为书的主人。

——著名教育专家、知心姐姐 卢勤

让孩子们从第一本开始，读到一百，那人生就可以读到一千、一万。

——北京大学教授、文学评论家 张颐武

希望“中国小学生爱读本百部经典”可以让父母、老师、同学共享读书的美好时光，分享读书的浓浓乐趣。

——中国台湾教育学专家、美国UCLA博士 王宝玲

“中国小学生爱读本百部经典”包含了让中国小学生“相伴一生，终身受益”的经典图书。

——香港东方教育研究院院长 陈仲铭

目录

第1天

自己动手
制订一个语文学习小计划

学习语文有秘诀

强强今年读三年级了，语文学习成绩平平，虽然不会落后到最后几名，也没有什么太大进步，他学习的时候总是很随意的样子。

一天晚上，爸爸妈妈都快要睡觉了，可强强屋里还亮着灯。爸爸敲开房门，说：“强强，该睡觉了，要不明天起不来。”

“爸，过两天我们班要语文测验，我得看看书。”强强说道。

“你这孩子，平时放学，看不到你的影子，这倒好，要考试了就临时抱佛脚。”妈妈走过来说。

测验结果出来了，强强考得很不理想，他自己心里也纳闷：“我都开了好几天夜车了，为什么考试的结果还是这样呢？”

像强强这样的人还有很多，他们平时学习的时候都很随意，没有计划性，不好好利用时间，到了考试的时候又临时抱佛脚，结果当然是得不到好成绩了。

快乐学习有秘诀

学习技巧大公开

时间是最公平的，对任何人都是平等的，每人每天24小时，不会多，也绝不会少。可是，不同的人利用时间的效果却大不相同。就学习来说，有的人整天埋头苦学，却没有很好的成绩；有的人不仅学习成绩好，课外活动也很丰富，生活非常快活。怎么会出现这种差别呢？其中一个很关键的原因是使用时间的方法不一样。科学合理地使用时间，是快乐生活、轻松学习的重要原因。

“一寸光阴一寸金，寸金难买寸光阴。”小学阶段是人生的黄金时期，我们应该分秒必争、合理利用时间，促使自己成才。珍惜时间和合理利用时间的最好方法是为自己制订一份适合的学习计划，让分分秒秒都得到利用，不浪费时间，让时间为我们的成功服务。学习计划并没有什么固定的格式，只要是适合自己的就可以了。

快乐学习有秘诀

学习方法讲一讲

我们在制订学习计划的时候应该注意些什么呢?

1.按照自己的实际情况，制订一个适合自己的计划

制订计划要注意留出机动时间，做到劳逸结合，实现新旧知识的衔接。

2.执行计划，更要重视效果

制订计划的目的是有效地利用时间，提高学习效率。如果在执行的过程中出现不适合自己的情况，要及时调整。

3.有奖励有惩罚

制订计划后要严格执行，如果较好地完成计划，可以给自己一些奖励，鼓励自己坚持下去；如果没有很好地完成任务，就要采取适当的惩罚措施，督促自己按计划执行。

学习要领要掌握

从前有家富人，对教书先生很吝啬，因此没人愿意到他家教书。有个秀才听说了，找到富人说：“我没什么特殊的要求，你们吃什么我就吃什么。要不，我立个字据。”

说完，他写下了一个字据：

无鱼肉也可无鸡鸭也可青菜萝卜万不可少不得工钱。

富人一看，这秀才不吃鱼肉鸡鸭，光吃青菜萝卜，这好办。于是他答应了，签字画押。

从此，富人天天给秀才吃青菜萝卜。吃了两天，秀才生气了，说：“我说了，不爱吃青菜萝卜，你怎么天天给这个吃？”

富人说：“不对呀！你字据上明明写着‘青菜萝卜万不可少’。”说完，拿出字据说：“你自己看!”

秀才拿起字据，又念了一遍：“无鱼，肉也可；无鸡，鸭也可；青菜萝卜万不可，少不得工钱。”

富人听了，目瞪口呆。

快乐学习有秘诀

知识小锦囊

古代的书籍是没有标点符号的，虽然没有标点符号，但是有“句读（dòu）”。私塾的老师教授学生的时候，用红笔断句。学生水平提高以后，就能够通读文章了。

轻松上场

下面的句子都没有标点符号，你能给它们填上吗？

1 为什么蚂蚁会搬家呢 ☐

2 春天来了 ☐ 燕子从南方飞回来了 ☐

3 这里的景色多美啊 ☐

4 妈妈说 ☐☐ 今天吃面条 ☐☐

5 天真蓝呀 ☐

6 明天 ☐ 我和红红去爬山 ☐

想一想

从前，有一个人到朋友家去做客。正赶上天下起了大雨，于是他便在朋友家里住下了，连住了几天不走。主人很不高兴，想赶他走又不好意思说，于是写了一张字条给他：

下雨天留客天留我不留

因为没有加标点，客人看了字条之后，
说："朋友真是太好客了！"于是住下再也不走了。

你知道客人和主人分别是怎么理解的吗？加上标点读读看！

客人的意思：下 雨 天 留 客 天 留 我 不 留

主人的意思：下 雨 天 留 客 天 留 我 不 留

第2天

开心快乐学语文

学习语文有秘诀

豆豆的学习成绩不好，语文成绩更糟，但他对足球的了解却是同学们谁也比不了的。

每天上课的时候，他都是无精打采的样子。不是打瞌睡，就是很无聊地在课本上涂涂画画，或者东张西望，好像一分钟也坐不住似的。但是一到下课的时候，马上就有一大堆的人围在豆豆的身边，听他侃足球。他能顺口说出任何年代任何球员的进球、得分、踢球特点，甚至整个赛季的赛程等多得令人惊讶的信息。

这时候的豆豆口若悬河，俨然一个滔滔不绝的演说家，是众人仰望的英雄。

有一次上语文课的时候，老师走到专心画画的豆豆身边，拿起他的课本，看着上面栩栩如生的绿茵健儿，叹了口气，说："豆豆，要是你学习也像热爱足球这样，那就好了！"

听了老师的话，豆豆一怔，"是啊，关于足球的一切东西，我可以

做到过目不忘，而面对书本，我却是越看越烦，怎么也学不进去。而我们班第一名的王鸣却好像把学习当成了游戏，学习起来津津有味，这是为什么呢？”下课后，豆豆第一次主动去找老师，说出了他的苦恼与困惑。

听完豆豆的倾诉，老师微笑着说：“一个人记忆效果的好坏，取决于他对所记事物的感兴趣程度。对于有浓厚兴趣和强烈求知欲的科目，就算付出较少的努力，也能获得惊人的记忆效果。而对那些毫无兴趣的东西，要想记住的话，就很困难。你从小就特别喜欢足球，正是你对足球的热爱以及对足球知识高度的求知欲望，才使你的记忆力超常地表现出来了。所以，如果你想学习好的话，首先就要培养对学习的兴趣。记住，兴趣是你学习任何知识的最大动力！

看看名人是怎样把学习变成乐趣的吧！

英国戏剧大师莎士比亚的成功同样来自于他对戏剧表现出的浓厚兴趣及对所热爱的戏剧强烈的求知欲。

有一次，一个演员病了，剧院的老板就让他去替补，莎士比亚一听，乐坏了，因为有强大的动力，才用了不到半天的时间，他就把台词全背了下来，演得比那个演员还好。

演了一段时间的戏后，莎士比亚便开始尝试写剧本，这些剧本上演后很受观众欢迎，从此，他便开始了戏剧文学的创作生涯，并终于成为文艺复兴时期最伟大的戏剧作家。

快乐学习有秘诀

学习技巧大公开

学习兴趣促成了学习成功，学习上的成功又会提高学习兴趣，这是良性循环；反之，对学习厌烦，学习必定失败，学习失败又加重了对学习的厌烦感，形成恶性循环。所以，善于学习的人，应该是善于培养自己学习兴趣的人，而那些成绩优异的学生，更是对学习有着浓厚兴趣的人。

很多名人的成功都离不开兴趣的作用，爱因斯坦曾经说过：“兴趣和爱好是最好的老师。”达尔文七岁的时候便对收集生物标本、观察昆虫鸟兽十分感兴趣；物理学家麦克斯韦尔六岁的时候便对星星为什么会发光充满好奇。正是这些强烈的兴趣加上执著的追求，使他们在科学上取得了巨大的成功。因此，我们可以说：“兴趣比天才重要。”

快乐学习有秘诀

学习方法讲一讲

——不是只去做感兴趣的事，而是要以感兴趣的态度去做一切该做的事。

——自信是提高学习兴趣的动力，所以一定要相信自己的能力。

——多问“为什么”。

——根据自己的能力，适当地参加学习竞赛。

——肯定自己在学习上取得的每一点儿进步。

当然我们还要在平凡的学习生活中积极地去发现、创造学习的乐趣。有时候，我们可以借助想象力创造兴趣，把枯燥的学习材料变得好玩又好记。

比如你要记“火山、桌子、黑炭”三个词，可以想象火山的火苗飞喷过来，把桌子烧成黑炭；记“星星、汽车、高楼”三个词，可以想象星星跨上汽车，开着汽车前往高楼。又比如要记“牛、汽车”这两个词，你可以想象：一头牛站在汽车顶上，一头牛驾驶汽车，牛拉汽车，汽车撞倒牛，汽车压住牛，汽车拉着牛跑等。你的想象越丰富，记忆就越有趣，学习起来也就越轻松。

总之，兴趣是学习的内在动力，只有不断地发现兴趣、创造兴趣、培养兴趣，才会越学越有趣，越学越优秀。这是学习语文的首要秘诀。

快乐学习有秘诀

学习要领要掌握

今天是新生报到的第一天，来了许多不认识的小朋友。强强和明明正好被分到了同一个班级里，而且还是同桌。

强强很想认识一下这位新朋友，于是他对明明说：“很高兴和你成为朋友，请问你姓什么呀？”

明明笑着说：“我姓一加一。”

“一加一？”强强在心里想了想，他灵机一动想到了答案，“原来你姓王啊！”

明明笑着点点头，然后反问道：“那你姓什么呢？”

强强也想为难一下他，说：“我和你一样，我也姓一加一。只是两头长，农民年年都盼望它。”

明明恍然大悟，“我知道了，你姓丰，对不对？”

“让你猜对了！”两个人会意地笑了起来。

从此，两人成了形影不离的好朋友。

知识小锦囊

故事告诉我们，汉字家族中有许多长相相近的字，比如：“工”和“土”“刀”和“力”“鸟”和“乌”，还有容易混淆的“戊”“戌”“戍”和“戎”，小朋友们要认真区分啊！

轻松上场

鱼竿上的四个字可以组成两个词，把它们挑出来，写在鱼的身上。

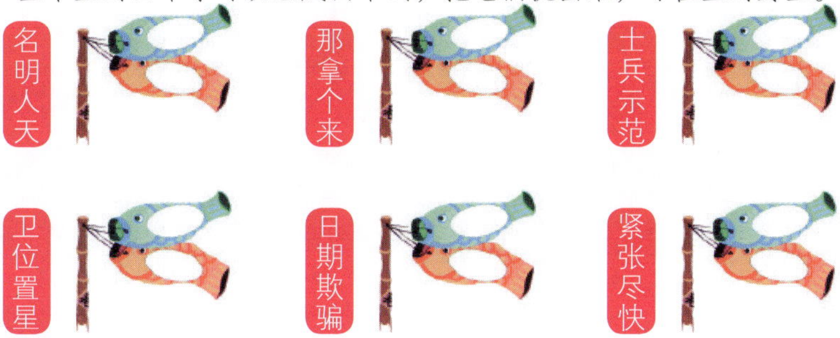

想一想

只要移动其中的一笔，这些汉字就会变成新的字，请把变化之后的字写在圆圈内。

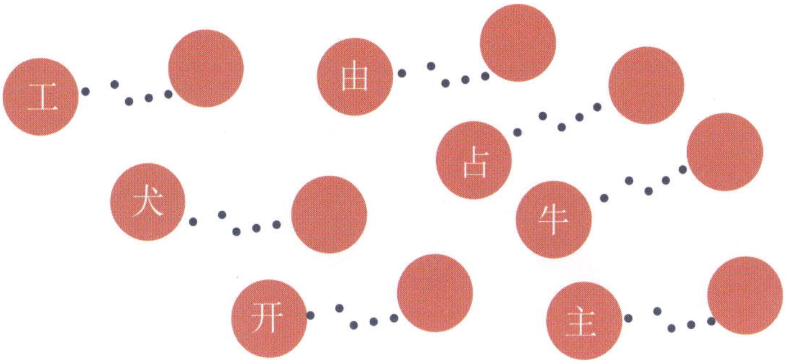

第3天

从学拼音开始学语文

学习语文有秘诀

豆豆今年上三年级了，但是他的拼音还很差，成了班上错别字写得最多的人，大家都叫他“别字大王”。课本上的每一篇新课文都有生字，老师讲过了，他也跟着念过了，但是下课后，玩了十分钟，他就又忘记了。不过，他自己却不知道这是什么原因导致的。而他的同桌微微拼音学得比一般人都好，她也是班上识字最多的人，好像没有她不认识的字似的，大家都叫她“活字典”。从一年级到现在，她一直都是这样。

唉，豆豆苦恼极了！打开前几天学的课文，总有一些生字，明明学过，现在又不认识了。其实他听课也很认真，为什么学了新的就忘了旧的呢？

豆豆很羡慕微微，微微怎么那么聪明，被大家当成活字典，秘密在哪里呢？

有一天，微微带来了一本好看的课外书来学校，豆豆想和她一起看，却发现满篇都是生字。豆豆很头疼，一点儿兴趣也没有，微微却津津有味地读着，还在班级故事会上讲给同学们听。

豆豆想，微微真聪明啊，她怎么能认那么多生字呢？

微微把自己的秘诀告诉了豆豆：认字的功夫是靠拼音练出来的。

微微说，自己识字多，全亏拼音学得好。刚上一年级时，她就通过拼音来读课外书了，遇到生字，就读字上注的拼音。课外书看得多了，字就熟悉了，遇到不懂的字就做个记号，看完书再查字典。要是遇到一个生字就查一次字典，就把阅读兴趣破坏了，所以，自己总是看完了书中有趣的故事后，再兴致勃勃地把那些生字查出读音，写在小本上，记在脑子里。

豆豆脸红了，他的拼音简直是一团糟，他决心要迎头赶上！他赶紧翻开一年级的课本，开始复习拼音。他现在才知道，拼音可不是学过就没有用的东西，到了高年级也一样能派得上大用场呢！

快乐学习有秘诀

学习技巧大公开

拼音，你可别小瞧，它可是我们学习语文的好帮手。它可以给我们的汉字注音，帮我们认识好多汉字；它可以帮我们读准汉字的字音，更好地用普通话交流；遇到会读但不知道意思的字呢，我们可以利用拼音去查字典，一下子就把字的意思搞明白了！

快乐学习有秘诀

学习方法讲一讲

几种学习拼音的好方法：

1.想象表演法

面对课本上的图画，模仿画中的小女孩唱歌的样子——“张开嘴巴大声唱，ɑ ɑ ɑ真好听。”通过有趣的图画，扮演画中人轻松学习。还可以戴着头饰来扮演拼音宝宝，在蹦蹦跳跳的玩耍中熟悉拼音。

2.儿歌朗读法

比如在学习 j、q、x、n、l 与 ü 相拼时，你可以一边拍手一边读：“小 ü、小 ü 有礼貌，见到 j、q、x 就摘帽；j、q、x 和 ü 相拼，去掉两点记在心；n、l 和 ü 拼，两点你可别乱动。”

3.猜谜语法

互相猜谜是好玩的活动。找个小朋友一起来做，一个问，一个答。比如：

问：“两个门洞是什么？”

另一个答：“m m m。”

再问：“一把雨伞是什么？”

答：“雨伞向下 f f f，雨伞向上 t t t。”

或者，通过做口形，让对方猜猜是哪个字母。掌握字母的正确发音也很重要啊。

4.图画法

把字母根据形状画成美丽可爱的形象，设计自己喜欢的拼音宝宝，边画边记。这个方法会让你展开联想，形象地记忆会记得更牢更快。

5.会意法

像拼读英语单词一样读，把字母放在一起，依次默读出发音，这是提高阅读速度的好方法。

快乐学习有秘诀

学习要领要掌握

生活在拼音王国的ɑ、o、e、i一起兴高采烈地到小河边钓鱼。

小e非常调皮，根本没有把心思放在钓鱼上，在河边蹦蹦跳跳。

忽然，小e一不小心滑到了河里，o一看小e掉进水里，马上变成救生圈去救小e。没想到小e像大白鹅一样会游泳，没有小o的帮助，它也很快就游到了岸边。可是，小e的衣服被水浸湿了。小e把衣服脱下来顺手拿过一根树枝把衣服支起来晾干。可是，树枝却大声地说："我看不见了，快拿掉衣服。"小e一看，原来刚才用来支衣服的树枝是i。

没有衣服穿，小e缩在那里瑟瑟发抖，风吹过来，小e打了一个喷嚏。ɑ是医生，它要给小e诊断一下是否感冒了。a让小e张开嘴巴“a—”，小e声音太大，差点把a的耳朵震聋。经过诊断，小e果然是生病了，大家匆匆忙忙把小e送到了医院。

本来美好的一天，却被调皮的小e打乱了。

快乐学习有秘诀

知识小锦囊

在拼音王国的韵母里，有一个特殊的群体就是“单韵母”，它们包括：a、o、e、i、u、ü，展开你的想象，想一下他们都像什么呢？

轻松上场

请你看下面的图和拼音，把汉字写在______上。

xiǎo gǒu

píng guǒ

dàn gāo

huā māo

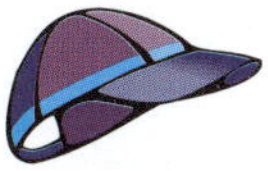
mào zi

qiān bǐ

qì chē

tài yáng

想一想

连连看，走迷宫

中华人民共和国

z	h	o	h	u
g	n	n	g	a
h	o	i	m	r
e	g	n	n	e
g	u	o		

第4天

做个管理时间的小精灵

学习语文有秘诀

时间就像海绵里的水，只要你愿意挤，总能挤出一点点。时间的富翁不是靠年岁的简单积累，而是靠高度的使用效率。

我们先来看看豆豆是怎样管理他的时间的：

豆豆每天下午5:30放学，等公共汽车要花去10分钟左右的时间，乘车20分钟，回家需要步行10分钟。吃过晚饭，豆豆要把碗筷洗了，这得用去15分钟。按照老师的要求，他必须收看30分钟的电视新闻。

此外，按照学习计划的安排，他要在做当天的家庭作业之前花30分钟左右的时间把全天的学习内容浏览一遍。他有一个习惯，即做所有的事情都有条不紊，做完一件再做另一件。这样，他开始做作业的时候至少已经是8:00了。

假如豆豆能够合理安排时间，那么情况就会有很大的改观。他每天从等公共汽车到下汽车，至少要30分钟左右的时间，在这段时间里，他完全可以掏出书包里的课堂笔记把当天的学习内容从头到尾浏览一遍。看电视新闻和洗碗筷，这两件事情也完全可以同时进行，手里的活并不会对收看新闻造成太大的影响，因为大多数情况下新闻只需要我们用耳朵去听。这样一来，豆豆就能够在7:30左右开始做家庭作业。

快乐学习有秘诀

学习技巧大公开

时间管理对提高办事的效率，尤其是提高学习效率真是很重要啊。面对相同的时间，善于合理利用时间的人，会取得更多、更大的收获。所以我们要合理地利用时间，养成珍惜时间的好习惯。

我们再来看看名人是怎样管理时间的：美国著名作家杰克·伦敦在家里的床头、墙壁、镜子上贴了许多小纸条，纸条上面写满各种各样的文字：有美妙的词汇，有生动的比喻，有五花八门的资料。总之，当他在家的时候，不管在哪里都可以随时看到这些纸条上面的文字。外出时，他也不轻易放过闲暇的一分一秒，他把小纸条装在衣服口袋里，随时可以掏出来看一看、想一想。成功人士珍惜时间的例子还可以举出很多，我们可以发现，合理利用时间，是一个人成功的基本素质。

“吾生也有涯，而知也无涯。”如何有效地利用和管理时间，决定了学习的最终效率。合理利用时间的习惯，是良好学习习惯的重要组成部分。它能帮助我们把有限的时间合理地投入到无限的学习中去。

快乐学习有秘诀

学习方法讲一讲

1.制定一个24小时的作息时间表

也许你从来没有计划过如何度过一天，你可以用三天的时间来修改你的作息时间表，不过，你现在就要拟订一个草稿，每天都可以修改，但在三天后要最终确定你的作息时间表。

2.按作息时间表生活

你要立即执行你的计划，严格按照作息时间表做事情。不要因为你的不良习惯破坏了你的计划，要有一个好的开始，这一步很重要。

3.每天晚上，对照检查

忙碌了一天，在你睡觉前，检查一下你是否按照计划完成了所有的事情，如果没有很好地完成计划，你要查找原因，这样你会做得更好。没完成的事情，及时寻找补救措施。

快乐学习有秘诀

学习要领要掌握

从前，有个十多岁的小孩，聪明而且有才气。一日，有位老先生邀请他去家中做客。小孩见到老先生正指挥仆人砍伐院中一棵大树，便说：“老先生，这树枝叶茂盛，夏天能遮荫，冬天能挡风，砍掉难道不可惜吗？”

老先生摇头晃脑地说：“近日看了一本书，书中说：庭院天井四方方，方方正正口字状，庭院当中如有树，木在口中不吉祥。你想，木在口中，不是一个‘困’吗？”

小孩听了，一本正经地说：“我最近也看了一本书，书中说：房屋造得口一般，千万莫要把身安，如若硬要住进去，准会降临大灾难。您想，人在口中，不就是一个‘囚’吗？是不是您也要把人杀掉呢？”

老先生被小孩的智慧所折服，保留了院中的大树。

快乐学习有秘诀

知识小锦囊

“口”字在汉字中的位置特别灵活，比如：在左边的有“喝、吃、听”，在右边的有“加、和”，在上面的有“呆、只”，在下面的有“吉、合”等。是不是很神奇呢？

轻松上场

你能把下面的儿歌补充完整吗?

缸　勺　盆　碗　豆

从前有座山，→ 山里有座庙，→ 庙里有个（　），

→（　）里有个（　），→（　）里有个（　），→（　）里有个（　），

→（　）里有个（　），→ 我吃了，你饿了，→ 我的故事讲完了。

想一想

“口”字谜语

今天，老师给大家出了许多关于“口”的谜语，你也来试一试吧！

一个“口”是“口”字		两个“口”是“吕”或“回”字	
三个“口”是（　）字?		四个“口”是（　）字?	五个“口”是（　）字?
	六个“口”是（　）字?	七个“口”是（　）字?	八个“口”是（　）字?

第5天

轻松记忆有窍门

学习语文有秘诀

读书不得要领，劳而无功。

英子是一个很散漫的人，经常丢三落四，她为此吃过很多苦头，可是毛病照样没改。她觉得很尴尬，因为早上在路上碰见一个上一年级的同学，那个同学很热情地跟她打招呼，她们还讨论了一些昨天郊游的事情，可是她一直没有想起来这个同学的名字。昨天她们在郊游的时候还相互介绍了自己，可是才一个晚上的工夫，自己就把人家的名字给忘了。唉！英子越想越郁闷。

这时，有人拍了一下她的肩膀，回头一看，是好朋友微微。微微问她：“想什么呢？又在发呆！”

“没有什么。”

“你是不是忘记了一件事？”

“什么事？”

英子又开始紧张了。

“真的想不起来了？今天是我生日，你不祝福我？”

“哦，对不起！”英子又开始为自己的健忘感到生气了。

学习技巧大公开

有时候你是不是也会遇到这种健忘的情况？学习也一样，这都是我们记忆疏忽的原因。

学习就是一个理解、记忆和运用的过程。也就是说，记忆在学习中占了很大一部分，并影响学习效果。如果从现在开始掌握一些科学的记忆方法，并灵活运用，就可以明显提高学习效率，使一分钟的时间起到两分钟的作用。这样不仅可以迅速提高我们的成绩，还能省出更多时间去做一些喜欢的事情。

学习方法讲一讲

记忆中的小窍门：

1.记忆的时候，要保持愉快的心情

有一句话说“人逢喜事精神爽”，一个人遇到喜事的时候，他的精神状态就特别好。而精神状态好、心情愉快的时候去学习，就很容易理解，记忆效果也很好。如果心情不好，就很难读下去，效果非常差，甚至半天也不知道自己看了些什么。

2.不要长时间学习同一内容的东西

我们在学习的时候，最好是同一内容的东西只学30分钟，然后学习另外一种内容，这样不断地交替。例如，先用30分钟学数学，紧接着用30分钟学语文，让大脑均衡地运转，以提高学习效率。这种交替学习的方式能够有效地提高记忆的效果。

3.学习的时候要多动手

我们在记忆某种知识的时候，只是不管三七二十一地往大脑里猛记，是起不了什么作用的。应该动手去写，在写的过程中使知识在脑海中留下清晰而深刻的印象。“要记得牢就得多动手。”我们也应该养成边写边记的好习惯。

4.制作学习小卡片

不管走到哪里，要随身携带笔和一些小卡片。这些小卡片上可以是语文生词、名人名言、历史年代、地理名称等。随时随地拿出那些卡片看，一张张卡片犹如记忆的仓库，对增强记忆来说，效果很好。

5.一次记忆的材料不宜过多

应该控制好每一次记忆材料的总量，如果总量多了，非常容易使大脑疲劳，使记忆效率下降。正确的做法是把总量控制在一个范围内，让自己完成一次记忆过程，记忆完成后，如果感觉不到疲劳，可以再记忆其他科目的知识。如果需要记忆的材料实在过多，也可以把它分成几个部分，每次解决其中的一部分。

学习要领要掌握

有一天，张爷爷和李伯伯在花园里下棋，明明正好从花园里经过，于是他就站在一旁观棋。张爷爷说：“明明，你来猜一猜，这一局我们谁能胜？如果你猜对了，我就赏你一个大苹果；如果你猜错了就要帮我扫院子。”明明想了想，然后在纸上写了八个字：“张爷爷赢李伯伯输”。

张爷爷想为难一下明明，故意输给了李伯伯，然后得意地看着明明。明明念道：“张爷爷赢李伯伯，输！”

张爷爷不服气，又和李伯伯下了一盘棋，这一盘张爷爷赢了李伯伯。明明又念道：“张爷爷赢，李伯伯输。”

张爷爷和李伯伯都笑了起来，夸明明真是一个聪明的孩子。

知识小锦囊

逗号虽然平常，但是要想把逗号用得恰当、准确也不是一件简单的事情。像故事中描述的那样，逗号的不同位置，直接决定了一句话的意思。

轻松上场

多可惜呀（　）
我是一个好孩子（　）
祝大家成功（　）
走（　）快走（　）

哎呀（　）真是美极了（　）
难道真的是这样吗（　）
“外婆（　）”我欢叫着跑进院子
喂（　）该醒了吧（　）
枪声（　）

想一想

标点符号的读法还有很多学问呢！读读下面的句子，想一想，你读的对吗？

美美和妈妈去看望阿姨，乘坐的是北京—上海的火车。

今天的足球比赛，红旗小学以3：1战胜了对手。

春节联欢会从晚上8:00开始，到午夜12:30分才会结束。

鲁迅（1881—1936）中国现代伟大的文学家、思想家、革命家。

第6天

课前预习不可少

学习语文有秘诀

婷婷有段时间特别郁闷。

同学们上课都能积极地回答老师提问，而她一个问题都答不上来，像个哑巴一样。碰到老师提示说在书上哪一页的时候，婷婷要花费很多时间在书本上寻找。

一天下课后，她跑到佳佳的桌前问原因。佳佳说："你和我以前的情况差不多。不过，那时我还能大概记得一些老师提的问题，要我说得很具体，还是很有难度的。"

"那后来呢，后来你怎么能回答得上老师提的问题了？"婷婷

颇为着急地问。

“后来，我问了老师。老师告诉我，是我的预习没有做好。兵书上讲‘知己知彼，百战不殆’，上课也应该像打仗一样，要对课上所学的东西做到心中有数，才能取得学习上的主动权。做到这一点最好的办法就是课前进行预习。所谓预习，就是要在巩固旧知识的基础上，积极探索新知识，发现疑问，做到心中有数，为进行新一轮的学习而准备。预习的最大好处是使我们的学习一步紧跟一步，一环套一环。预习使我们变得积极主动，而只有站在主动进攻位置上的人才容易打胜仗。”

快乐学习有秘诀

学习技巧大公开

你知道成语“笨鸟先飞”是什么意思吗？

笨鸟先飞讲的就是做事要先行一步。对于一篇课文，在老师讲课前，对新课进行预习，听课的时候就可以做到心中有数了。由于是新课，预习时可以不必深入理解，只需了解新课的知识结构并且做好记录，明确听课的重点、难点和疑点就可以了，这样可以有目的地听课。学习新课先有准备，自然听课的时候就会减轻学习难度，学习起来轻松自如。对于一些重要的地方，还能记得更牢。在预习中有印象的地方，更会加深印象，接受起来感到非常的容易。如果没有在新课前预习，听起课来就会感到紧张，一头雾水，学习难度加大，和婷婷有同样的烦恼了。

学习本身就是由预习、上课、整理复习、作业四个环节组成的。预习是第一个环节，缺了这个环节，就会影响下面几个环节正常进行。如果你还没有养成课前预习的习惯，现在就改变它，坚持做到先预习后上课。但也不要一下子铺开，各门功课都提前预习。先从重点学科开始，按时间多少安排。这样可以从容不迫，达到预习的好效果，并由此养成预习和自学的好习惯。

快乐学习有秘诀

学习方法讲一讲

1.通读课文

课文一定要精读，而且应该朗读。朗读不仅可以训练自己的发音，还可以通过语气的变换，加深对课文的理解。

2.过好字词关

读课文的时候，把课文中不认识的字、不知道含义的词、不易理解的句子标记出来。书上没有注解的字词，可查一查字典，也可以画个着重号，以便在第二天听课的时候从老师的讲解里找到答案。

3.初步分析课文

了解课文的大概意思，划分层次与段落，认真思考文章的中心思想。用笔把归纳的内容记下来。上课的时候，和老师概括的中心思想相对照。

4.做一做习题

预习时可适当地做些练习题，及时检查预习的效果，对于还不会做的习题可以标记一下，不用花费太多的时间钻研，目的是要在听课的时候留意一下。

5.做一做预习笔记

做预习笔记是预习过程中的一个重要环节，不能忽视。但预习笔记不要做得过于烦琐，预习笔记的内容主要是记录一下文章的重点问题、疑难问题，还有自己的心得体会，这样既简单又实用。

我们总结一下，就成了下面的儿歌：

预习很重要，不要忘三条。
第一识生字，翻查生字表；
解词连课文，琢磨需动脑。
第二看习题，作业做几道；
疑难等上课，听课便知晓。
第三抓中心，归纳很重要；
运用自己话，复述更简要。
预习认真做，课文理解好。

快乐学习有秘诀

学习要领要掌握

古代有一个县官，因写字不认真而闹了不少笑话。

有一次，他想吃猪舌，就写了个纸条儿让差役去买。古代竖行书写，县官把“舌”字写得很长，致使差役误认作“买猪千口”。

差役走后，县官久等不见买回来，就又派人去催，没想到催买的人又是一去不回，县官又气又急。

天黑了，外出的差役才来回报说：“老爷您要买的，今天怕是买不齐了。”

县官一听，不由得怒从心头起：“你们去了一整天，连个猪舌也买不来，这不是存心和老爷我作对吗？”

差役听了县官的话才恍然大悟，连忙说：“老爷，误会了。小的们见条子上写的是‘买猪千口’，我们忙了一天，还没买够半数。若早知道是买猪舌……”

县官听了，脸立刻涨得通红，哭笑不得。

快乐学习有秘诀

知识小锦囊

汉字中有些有趣的现象，单独的两个字，放在一起又会组成新的字。故事中的“舌”就是由“千”和“口”组成的，这样的汉字还有：好、岩、孬、鲜、劝，等等。

轻松上场

下面有一个小游戏，每一个外圈字与内圈字都可以组成新字，请写在相应的扇面里。

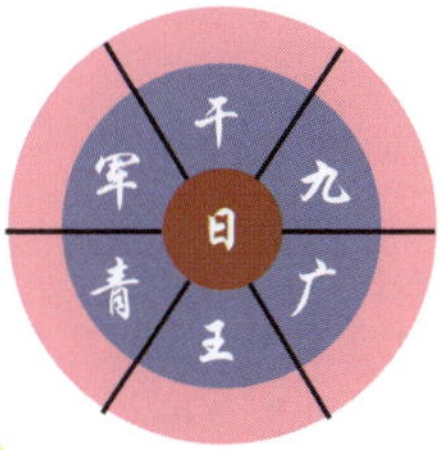

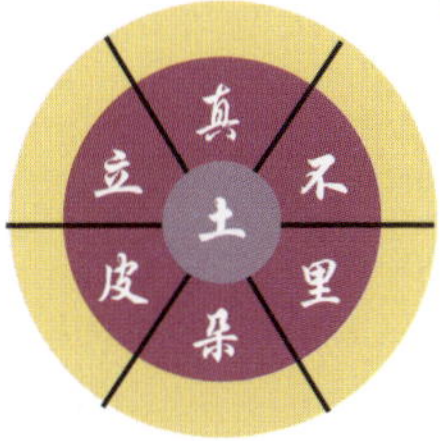

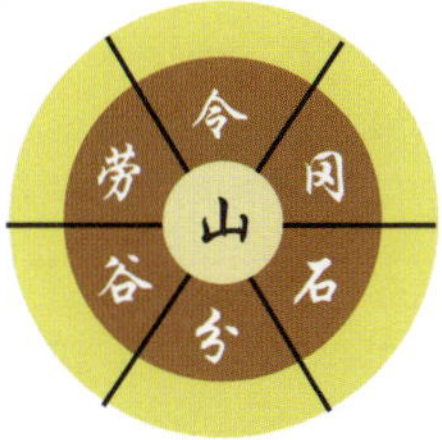

想一想

张爷爷和李奶奶天天都到公园里锻炼身体，他们的年纪已经很大了，但是身体还是非常健康。小红问他们各自的年龄，但是他们都没有直接回答。张爷爷在地上用树枝写了一个“米”字，李奶奶写了一个“本”字。这下可难住了小红，怎么都想不明白。

你能帮帮小红吗？张爷爷和李奶奶各自的年龄是多少呢？

年龄（　　）　年龄（　　）

第7天

告诉自己：我行，我一定行

学习语文有秘诀

上了四年级后，佳佳经常对自己很不自信，她很担心自己成绩没有进步甚至是下滑，整天忧心忡忡、没精打采的。

有一天，班主任张老师问她：“你认为自己明年能考上重点初中吗？”佳佳很不自信地摇了摇头。张老师又问她：“你怎么知道自己考不上？”

“我没有这个实力，因为我从来没有考进过前十名。”佳佳沮丧地说。

张老师笑着摇摇头，说：“不对！你听说过跳蚤的故事吗？跳蚤本来可以跳两三尺高，但有一只跳蚤居然跳不出三寸高的玻璃杯，你知道为什么吗？”

佳佳疑惑地望着老师。张老师接

着说："科学家们做过一个有趣的实验，他们把一只跳蚤放在一个玻璃杯里，然后在杯口盖上一块玻璃。跳蚤使劲儿一跳，头重重地碰在坚硬的玻璃上。这样，经过无数次碰壁后，即使把玻璃盖拿掉，它也跳不出玻璃杯了。你说，这是什么原因？"

佳佳想了想，回答道："这只跳蚤由于受过多次挫折，它在潜意识里认定自己不可能跳出这个玻璃杯，就丧失了跳出去的信心。"

张老师满意地笑了，说："对！我也希望你不要像那只跳蚤一样，在遭受了一些挫折和失败后，就自我设限，丧失了追求成功的欲望和信心。"

有些事情不是因为难以做到，我们才失去自信；而是因为我们失去了自信，有些事情才显得难以做到。

快乐学习有秘诀

学习技巧大公开

要有自信的学习态度。

态度决定一切！有什么样的态度就会有什么样的学习成绩，也就会有什么样的人生。

两个能力相当的人，有自信跟没有自信，有着非常大的差异。丧失信心的人，做任何事情都无精打采，看不到自己的优点，长此以往，学习成绩下降，永远躲在自卑的阴影里；而充满自信的人，总是抱着乐观的态度去生活与学习，并且相信自己一定能做好，他们的路会越走越宽广。

美国总统林肯在小的时候，他父亲在西雅图有一处农场，农场中的空地上有许多石头。正因为如此，父亲才以较低价格买下它。有一天，母亲建议把上面的石头搬走。父亲说："如果可以搬走的话，主人就不会卖给我们了，它们是一座座小山头，都与大山连着。"

有一年，父亲去城里买马，母亲带着林肯在农场劳动。母亲建议说："让我们把这些碍事的东西搬走，好吗？"于是他们开始搬那一块块石头。不长时间，就把它们弄走了，因为它们并不是父亲想象的山头，而是一块块孤零零的石头，只要往下挖一英尺，就可以晃动它们。

可见，如果你在思想上认为一件事是不可能的，你在行动上自然不会去做，当然也就不会有什么好结果。

一个想当元帅的士兵，虽然不一定能当上元帅，但有了这个想法有助于他去努力做一个好兵，而一个不想当元帅的士兵，却永远不可能当上元帅。一个想学好语文的学生，虽然不一定能取得好成绩，但一个不想学好语文的学生，则肯定不能取得好成绩。因为一个人不可能取得他并不想要的成就。现在，你该明白自信的重要性了吧！如果，你对自己很不自信，那么就采用以下的方法来培养你的自信心吧。

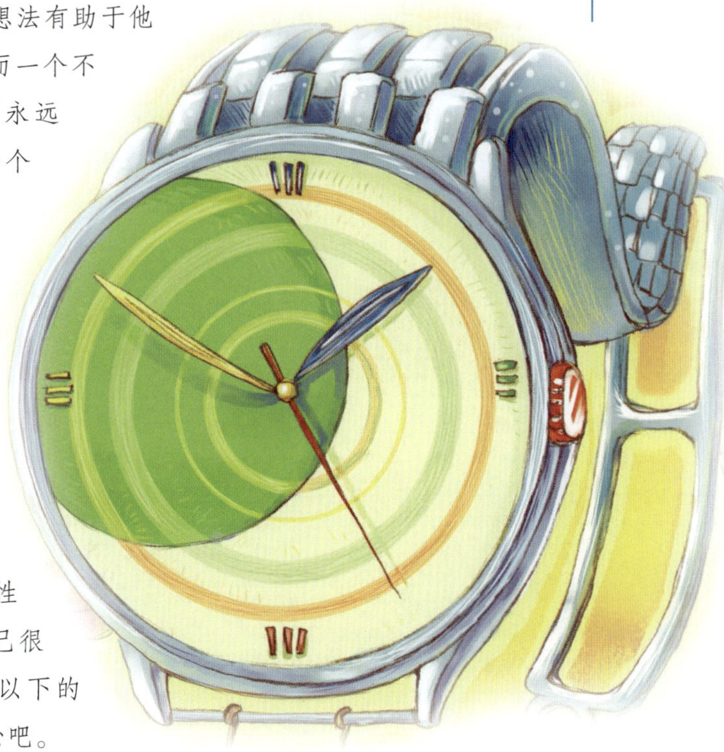

快乐学习有秘诀

学习方法讲一讲

1.每天多激励自己一点点

爱自己不是说什么事只想着自己却不顾别人的感受，而是正确地看待自己的能力，遇到困难不妥协，要有战胜困难的信心及决心。每天早晨一起床，大声地对自己说：“我一定行！”或者拿面镜子照照自己的脸，如果看到镜中的自己很沮丧，赶快对着镜中的你大声说：“人，可以死亡，但决不能被打败！”

2.自我期许，正面激励

你的心里能够想什么和相信什么，你就能够用积极的心态去获得什么；你把自己想象成什么人，你就可能会成为什么人。暗示和激励要用正面积极的语言，比如说“我一定能成功”，而不说“我不可能失败”。

3.积累成功

成功是一种有力的激励，它可以增加你的信心，给你奋斗的力量，帮助你确定未来的发展道路。所以，莫以“功”小而不为，成功地做好每一件小事，会激励你去追求更大的成功。

你不妨专门买一个小本子，记录每一次成功的经历和体验，每天晚上睡觉之前都应翻翻，并且对自己说：“你真棒！”

快乐学习有秘诀

学习要领要掌握

小白兔家的胡萝卜今年丰收了，小白兔全家把胡萝卜运到市场上去卖，许多动物都来购买。小狐狸也想买点回家煲汤喝，但是它只有1元钱，于是它灵机一动想了一个办法。

小狐狸让小白兔给它称了10元钱的胡萝卜，它跟小白兔商量能不能赊账，并且写下欠条，承诺明天一早就把钱送来。小白兔想：狐狸虽然平时狡猾，但是有欠条在，它也不敢赖账。于是，小白兔答应了小狐狸的请求，并拿来纸和笔让它写。小狐狸在纸上写：“还欠款9元整。”

过了很长时间，小白兔都不见狐狸来还钱。有一天，小白兔在路上遇到了狐狸，小白兔让它还钱。小狐狸说：“我已经还了，不信你看我给你写的条子。”小白兔拿出那张欠条，小白兔念道：“还（hái）欠款9元整，你没有还（huán）呀！”小狐狸说：“不对，不对，应该是还（huán）欠款9元整。我已经还(huán)了。”

小白兔气得说不出话来。

快乐学习有秘诀

知识小锦囊

只要我们留意就会发现汉字中有许多“多音字”，根据粗略的统计，《新华字典》里所列的多音字就有六百多个。小朋友，平时要注意多读多记。

轻松上场

下面是一些多音字，把正确的拼音写在里面。

盛	美丽的鲜花盛开了。	
	妈妈把饭盛在碗里。	
倒	瓶子倒了。	
	水倒了出来	
朝	小明朝前走。	
	扬扬真有朝气啊！	

想一想

下面一段文字，在括号里找出正确的读音，把它用“√”勾出来。

老师交给小明一个差（①chāi ② chā ③chà ④cī）事，让小明把一摞参差（①chāi ② chā ③chà ④cī）不齐的作业本摆放整齐。小明整理得很快，但是就在小明差（①chāi ② chā ③chà ④cī）不多快要整理好的时候，出了一个差（①chāi ② chā ③chà ④cī）错，他不小心把整理好的作业本碰倒了，只好重新开始整理。

第8天

和错别字说再见

学习语文有秘诀

豆豆最近觉得很难过，尤其是被人称呼为“李麻子”时，他感到既恼怒又羞愧。这件事源于上周老师讲了一个关于错别字的小笑话。因为豆豆是班上的别字大王，所以同学们听完老师讲的这个笑话后，就用书中主人公的名字来称呼豆豆了。

这个笑话是这样的：

一个土财主叫季康子，大字识不了几个，却总是装得很有学问的样子，整天“之乎者也”。他的儿子叫日叟，深受父亲影响，更是不学无术。

这一年，儿子外出去做生意。他走到一个地方，突然下起大雨来。由于没有带伞，被淋成了“落汤鸡”。

日叟急忙给家里写信：

“父亲大人：儿子走到半路，天下大雨。别人有命（伞），就儿我无命（伞）。有命（伞）请快快送命（伞）来，无命（伞）则带钱来买命（伞）。儿字。”

信送到家时，季康子正在大宴宾客。他接过信一看，顿时气得火冒三丈。原来，信封上这样写着：

“李（季）麻（康）子大人收”。

再看内容，季康子更是莫名其妙，读了两遍也没弄清楚信上写的是什么。他怒气冲冲地提笔回了一封信：

“四（日）嫂（叟）：你会马（写）则马（写）之，不会马（写）则熊（罢）乎。堂上有容（客）哉，差（羞）死我也！父字。”

当时，豆豆听完这个笑话就觉得脸上火辣辣的，最担心的事情还是发生了，同学们真的拿这个笑话取笑他了。不过现在豆豆已经下定决心了：一定要和错别字说再见！他还要请教一下老师该怎样彻底消灭别字。

快乐学习有秘诀

学习技巧大公开

写错别字的确是一件很丢脸的事，甚至会被人认为没有文化。所以小朋友们，从小就应该杜绝写错别字的习惯，否则，可能有一天你也会被人笑称为“李麻子”呢。

其实，产生别字的原因主要有两个：一个是马虎。有些同学，平时学习不认真，写字草率，不注意字的笔画和结构，所以很容易就写了错别字。还有一个原因是汉字的笔画较多，结构复杂，比较难写难记。所以，在平时的学习中，我们要从以下几个方面着手，力争与错别字说再见，写出正确规范的汉字。

快乐学习有秘诀

学习方法讲一讲

1.认真学好生字

所谓生字就是不认识的字。对于这些字要认真学习，牢牢记住。如这个字到底是几笔，该不该点点，有没有撇，这个字是什么结构，对于这些要牢牢记清。学好生字是减少错别字的重要一环。

2.严格区分形近字

汉语中有很多形近字，特别是要注意区分同音字，它是产生错别字的原因之一。在平时的学习中，要把这一类字归纳到一起，并且给每个字都组上词，没事的时候就拿出来翻翻看，熟能生巧，不久你就会发现你已经牢牢记住它们之间的区别了。

3.书写要认真

有很多别字是因为书写不认真、不规范造成的，这会让你在考试中吃亏，在平时练习和做作业时就应该养成书写认真的好习惯，不能抱这种念头：平时乱点儿没关系，只要到考试时再认真就行了！

4.养成勤查字典的好习惯

不要手懒，遇到不确定的词语组合时，一定要把字典拿来亲自动手查一查。通过查字典可以加深印象，比直接问别人的效果要好。通过查字典认识了这个字之后，还要专门拿出一个本来记录这个字，隔段时间再看一遍，你就会牢牢掌握这个字的正确用法了。

快乐学习有秘诀

学习要领要掌握

有一个县令不大识字。一天，他升堂断案，书吏给他递上了当事人名单，上面有原告、被告以及证人的名字。原告叫郁工耒，被告叫齐卞丢，证人叫新釜。

县令先呼原告上堂，却高声叫：“都上来！”三人一齐上堂。县令不悦：“我只叫原告一人上堂，你们为什么都上堂来？”

书吏在旁不好直言县令把名字叫错，就小声说：“禀大人，原告名字另有念法，叫‘郁工耒’，不叫‘都上来’。”

县令说：“好，那就叫被告。”他又高呼：“齐下去！”三人一听，立刻都退下堂去。县令大怒：“我叫被告，怎么三人都退下堂去，分明不听本官判案……”

书吏赶紧又凑到县令身旁小声说：“禀大人，被告名字也另有念法，叫‘齐卞丢’不能叫‘齐下去’。”

县官点点头，平息了怒火，说：“这些人的名字真怪，都有两种念法，那么你快告诉我证人的名字该念什么？”

书吏说：“证人叫新釜。”

县官笑着说：“亏你告诉我这么念，不然我就要喊他‘亲爹’了。”

快乐学习有秘诀

知识小锦囊

认错字是最常见的事情，除了平时我们要多查字典，仔细观察，还可以从字的意思和读音上细细地体会，掌握一些辨认方法。

轻松上场

下面的字，只要添上一笔就能变成另外一个字，试试看。

火	今	古	二	兰
休	乌	晴	乒	李
拔	尤	刀	心	免
冉	大	门	狠	叶

想一想

圣诞节到了，圣诞老人带着各种各样的礼物来了，但是每个人必须答对问题才可以得到礼物。找一找，你能组成什么字？

第9天

专心听课别走神

学习语文有秘诀

有些同学上课的时候不专心听讲，一会看看这儿一会看看那儿的，思绪当然也就是满天飘。看看我们的小主人公豆豆又遇到了什么麻烦：

“豆豆，请问《草叶集》的作者是谁？”语文老师对咧着嘴傻笑的豆豆提问。

“啊？”豆豆被同桌用力地推了一下，把他吓得嗖的一声从座位上站了起来，“什……什么……什么的作者，老师？”

“《草叶集》的作者是谁？”老师又说了一遍。

“是……是……”同桌在一旁低声地告诉他是“惠特曼”，豆豆太紧张了，不知道同桌说的是什么，只听到什么“特曼”，就鼓起勇气大声地说了一句：“奥特曼。”顿时教室里一阵哄笑。

豆豆把动画人物的名称都用在了课堂上，可见他对动画痴迷到何种程度。他刚才正美美地想着《奥特曼》中的情景呢，所以当他听到什么“曼”的时候，“奥特曼”就脱口而出了。此时的豆豆正红着脸恨不得找个地缝儿钻进去。

同一天下午，微微捧了一个新笔记本回家。妈妈欣喜地问她：“今天中什么奖了？”

“没有中奖。今天老师要求我们当场学、当场背生词，谁的准确率高就能得到一个笔记本。我全默写对了！”微微非常高兴地告诉妈妈。

为什么同在一个课堂，豆豆和微微的对比这么鲜明呢？

快乐学习有秘诀

学习技巧大公开

上课“梦游”，即我们常说的分心，就是指在听课时注意力被别的事情吸引过去，离开了听课的内容。上课分心，无法专心理解老师讲课的内容，是学习的主要障碍之一。

快乐学习有秘诀

学习方法讲一讲

怎样才能培养精力集中的好习惯呢？

1.克服外界干扰，养成闹中取静的本领

在学习中，有些外界条件是我们不能改变的，因此掌握“闹中取静”的本领很重要。这种本领通过练习可以培养出来。比如，故意蹲在嘈杂的集市或公园看书。当然，开始时会遇到许多困难，但只要坚持下去，就会取得成功。

2.加强意志锻炼，做注意力的主人

在学习中，我们除了会遇到外界的干扰外，还会受到内部因素，如情绪低落、身体欠佳、不良习惯等的干扰，这些更容易使我们分心。因此，我们要学会以坚强的意志同一切干扰斗争。汉朝杰出的史学家司马迁，在被人陷害遭受宫刑后，仍忍受屈辱，在极其恶劣的情况下，用坚强的意志控制自己的情感，集中精力撰写史书，经过十多年的艰苦劳动，终于写成了“史家之绝唱，无韵之离骚”的巨著——《史记》。

3.注意休息

人在疲劳的时候是很难集中注意力的。所以我们必须养成良好的学习习惯，学习时全力以赴，休息时尽情娱乐。

4.跟上老师讲课的节奏

在听课时，如果你遇到了听不懂的内容，千万不要停下来卡在那里，脱离老师的讲课轨道，你应该在不理解的地方做个记号，然后接着听老师的讲课内容。等下课后，再去向老师或同学请教不理解的问题。

5.放松心情

如果你在上课时老是胡思乱想，静不下心来，那么，这时候就先不要强迫自己听课，而是闭上眼睛，全身放松，缓慢呼吸，尽量排除其他念头，全神贯注数自己呼吸的次数。大约三分钟后，再开始听课，这样你就会集中注意力了。

学习要领要掌握

从前有一个地主不识字，平时总是欺压百姓，搜刮钱财。虽然自己不认识字，但是他希望自己的孩子能有学问。于是，他给孩子请了一个非常有名的教书先生。

老师首先教地主的孩子认识汉字，他在纸上画了一横，说："这是'一'字。"然后又画了第二横，说："这是'二'字。"接着又画了第三横，告诉地主的孩子是"三"字。地主的孩子听了，高兴地说："原来汉字这么简单，我全会了，根本用不着老师再教我了。"地主听说儿子这么快就学会了识字，直夸儿子聪明，当天就把老师辞了。

过了几天，地主让儿子给一位朋友写封信，邀请朋友到家里来吃饭。地主的儿子一大早就到书房里开始写了，一上午过去了还是没有写好。地主来催了几次，儿子非常烦躁地大声嚷道："姓什么不好，偏偏要姓万，从早上到现在，我才写了五百画！"

快乐学习有秘诀

知识小锦囊

古时候，人类通过在绳子上打结来计数，用不同的形状表示不同的牲口和粮食。后来东西越来越多，结绳非常麻烦，于是有一个叫仓颉的人发明了汉字。

轻松上场

做一做

今天，小雨在家里帮助妈妈收拾东西。妈妈让他把东西放在柜子里面，请你帮助小雨把序号填在相应的圆圈里。

书 ○	上衣 ○	裙子 ○
鞋 ○	袜子 ○	帽子 ○

想一想

连连看

"您好，请给我称一些水果。" ●	● 
"同学们 ，请大家跟我一起读。" ●	● 鱼市
"叔叔，我要买一条鱼 。" ●	● 
"哥哥，我要一个冰激凌。" ●	● 
 "瞧！他们滑冰的动作多优美啊！" ●	● 球场
"我们一起去  打球吧！" ●	● 教室
"请把我的头发剪短一点。" ●	● 滑冰场

第10天

课外工夫提成绩

学习语文有秘诀

鸣鸣的语文学习成绩特别棒！尤其是他的作文，在全校都很有名。另外，他的课外知识远远超过其他同学，好像他什么都知道似的，每次都能在学校举行的知识竞赛中为班级争光。同学们都很羡慕他，称他为“万能博士”。

佳佳就是鸣鸣的忠实“粉丝”，觉得鸣鸣一定吃了什么灵丹妙药。鸣鸣却说，他只不过对各种信息特别敏感，也就是说，他不管听到什么、看到什么，总是喜欢在脑子里琢磨。

这些信息从哪里来呢？鸣鸣除了在生活中勤于观察，还特别留意报纸、书刊、广播、电视和网络。鸣鸣告诉佳佳，要学好语文、拥有广博的知识，不光课堂上要用心，课下也要下工夫。

因为，课外的读物对学好语文的帮助简直太大了！

选择自己喜欢的书看，因为适合自己的口味，当然会觉得特别有乐趣，越看越爱看。在阅读中感受文字的优美，不知不觉就能学会更多字词、更多精彩的句子，回头再做语文练习题，你就会觉得简直是小菜一碟。

快乐学习有秘诀

学习技巧大公开

一般语文成绩好的同学，都非常喜欢课外阅读。可以说，课外不读书的同学，语文知识是贫乏的，就像吃饭光吃主食不吃菜一样，时间长了，肯定会营养不良。

课外读物可以是老师和家长推荐的好书，像满足孩子好奇心的《智慧故事》《成长故事》《美德故事》……这些专门为小学生写的书，插图活泼可爱，文字优美、故事情节生动，可以让你学到很多东西。你还可以留意和思考一些报纸、书刊、广播、电视和网络上的信息，这些东西可以扩大你的知识面，通过观察和思考，使你的词汇丰富、思路开阔，分析能力也随之增强，这些都是要课外练出来的。

学习方法讲一讲

关于一些收集信息的好办法：

1.粗读法

书刊、报纸的文章标题是内容的要点，作者和编辑要表达的主要意思都在其中。浏览标题可以很快选择自己感兴趣的内容，根据需要，有选择地阅读，这样可以提高效率，节省时间。

2.细读法

浏览标题和目录，找到自己要捕获的“猎物”的踪迹，接下来就需要聚精会神地抓住“猎物”。精读好文章，要逐字逐句琢磨，细嚼慢咽，仔细了解文章的内容和思路。

3.剪贴法

把报纸上有用的内容剪下来，给自己编一本资料手册，这是很好玩的过程。它能培养你的“侦察”眼光，迅速判断眼前的资料是否有用，该分到哪一类别。剪报的范围，可根据自己学习、生活的需要和个人兴趣而定。

贴报有好几种好办法。可以找个不大不小的漂亮纸盒，把报纸剪好后放在纸盒内，积累到一定数量，再分门别类地贴在本子上。也可以边剪边贴，手边准备一些白纸，剪下一段信息，就贴在纸上，每张纸贴一条信息，日后再分门别类装订，还可以自己设计目录。

你的小剪贴本还可以贴收集来的图案，用彩笔画上好看的花边，还可以用漂亮的挂历纸或包书纸，把封面做得很精致。

4.摘录法

这是个“偷”取智慧的好办法。遇到一些精彩的片断和语句、出色的标题、有用的数据等，不方便剪下的，可以抄在笔记本和卡片上。摘录要注明出处，以便以后查对。

快乐学习有秘诀

学习要领要掌握

孔子的弟子颜回请来有名的木匠鲁班为老师孔子刻书。鲁班一边听颜回念，一边用凿子刻，不一会儿就把竹板刻完了。

书刻好了，鲁班说：“孔子是很好，就是不从事劳动，所以，我不太喜欢他!” 颜回听后，立即说：“孔子知识渊博，每天忙于讲学，根本没有时间来做工……”

鲁班又说：“那么，我刻个字，他如果能认得出来，我也拜他为师。”

颜回说：“现在没有竹板了，你就说怎么动凿子就行！我记下来。”

鲁班说：“竖凿六下，横凿九下。”颜回听了不明白什么意思，就去请教孔子。

孔子问颜回：“回答这个问题，鲁班给了我多长时间？”颜回说：“临走时，他只伸了三个指头。”

孔子想了想，说：“他是让我在三日内回答出来啊！”

第三天，鲁班问颜回：“孔子猜出来了吗？”

颜回把他同孔子对话的过程从头到尾讲了一遍。鲁班说：“孔子到底博学啊，猜对了。”可颜回仍然不知道鲁班说的是什么。

原来，鲁班要刻的是个“晶”字，三个“日”一合起来就是“晶”。

快乐学习有秘诀

知识小锦囊

汉字中存在三个相同的字组成一个新字的现象，“晶”是其中之一，还有：鑫、森、品、淼、磊、焱。而有的字在古代是由三个相同的字组成的，后来被简化了，比如：聂（聶）、轰（轟）等。

轻松上场

根据下面的图画，你能写出对应的汉字吗？

想一想

在中间加上一个字，使它与周围的字又能组成新的字。

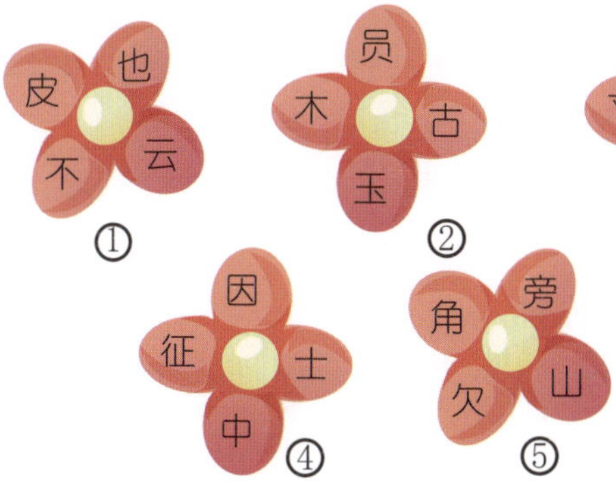

第11天

认真做作业，不做马虎虫

学习语文有秘诀

你是不是在做作业的时候，一支笔在手里握着转啊转啊，半天过去了，一个字都没写；你是不是在写作业时，拿着铅笔盒，把自动铅笔拆了装、装了拆，其实那支笔一点儿毛病也没有；你是不是手里拿着点心边吃边写；你是不是在一边看电视，一边写作业；你是不是在写作业的时候，听到了小猫的叫声，就和猫咪玩耍了起来……这些都是不认真完成作业的表现。这样的坏习惯是不是让你在课堂上很不自在？豆豆就是这样一个做作业很不认真的孩子。

“豆豆，你的作业做完了没有？”妈妈在房间门口问他。

“做完了。”豆豆大声地说着，其实他只做了一半就去玩《冒险岛》去了。

第二天，到学校他才想起老师今天要检查作业，没有办法，只好借同学的作业本抄抄，应付了事。

可奇怪的是，老师今天并不急着收上来，而是随便抽查了几个同学，针对作业来提问。这可把豆豆吓坏了，他的作业是抄来的，自己一点儿都没有认真去做，到时候怎么能回答得出来呀！

正在这时，老师叫到了豆豆，豆豆很不情愿地从座位上站了起来，吞吞吐吐地告诉老师，昨天只做了一半的作业就去玩了，剩下的作业忘记做了。

很自然，豆豆被老师狠批了一顿，他心里别提多后悔了，因为没认真做作业，在老师和同学面前丢了面子，真是太不应该了，豆豆决定，以后无论如何都不会不完成作业了。

快乐学习有秘诀

学习技巧大公开

做作业是对老师所讲内容的巩固过程，做作业要讲求时间。今天的作业如果你留到下个星期去做就没有了效果，就好像本该买来今天吃的菜你留到明天才吃一样，失去了它的原味。做作业还要讲求质量和效果，不能敷衍了事。

然而，在许多学生的眼里，所谓的作业好像就意味着做不完的题，所以有些学生把作业称为“作孽”——大好的时光都在做这些永远都做不完的“破题”，真是“作孽”。

那么，既然是“作孽”，可不可以取消作业呢？答案是不可以。作业是学习过程中不可或缺的一个环节，缺了这个环节，学习过程就会出现中断。作业不但不能取消，而且还要讲究时效，今天做的作业决不能拖到明天。如果你感觉自己对时间的要求不强，就每天把老师安排的作业做一个时间计划表，按时间的先后顺序来完成。

知道了做作业是一项重要的学习习惯后，有没有发现自己需要改进的地方？不要再多想了，你现在有没有把老师今天布置的作业认真完成？按照我们的方法去做，坚持下来形成习惯，美好的未来就会在你的面前。

我们不仅要认真完成作业，还要讲究方法。有方法，做一道题相当于别人做三道题；没有方法，做了三道题也许只相当于别人做一道题，差别很大。

快乐学习有秘诀

学习方法讲一讲

1.不要对所有的题都“一视同仁”

善于学习与不善于学习的同学之间最大的区别之一就是谁能抓住重要的信息，知道这道题主要讲的是什么东西、透露着什么信息。而不是眉毛胡子一把抓，一视同仁。否则，虽然做了不少题，但效果不一定好。

2.着重做不会的题

很多同学都犯这样一个毛病：会做的重复做，不会做的不闻不问。这是做题的一个错误。善于学习的同学则不这样，会做的题少做，专挑不会的题反复练习，这样才能学到新的东西，提高自己。

3.经常整理做过的题

有些同学经常是做完了题就一扔，同时大舒一口气：“哎呀，终于做完了。”像是在完成任务。而有些同学则很珍惜自己的劳动果实，分门别类地整理自己的作业，不断地总结和发现新的问题。

4.不时翻看、整理作业

作业整理好了，应该同课本一样放在书桌前或者最显眼的位置，不时地提醒自己翻看。要不然，整理得再好又有什么意义呢？

快乐学习有秘诀

学习要领要掌握

在拼音王国里最有礼貌的就是ü了。有一天，ü和朋友i 、u一起去参加新年舞会。i 对ü说：“我来给你介绍几个新朋友认识。”说着把ü带到j、q、x、y的面前，j、q、x、y都是非常要好的邻居，在拼音王国里前后住着。ü见到新的朋友非常高兴，赶忙伸出手，可是转念一想，戴着眼镜与朋友握手是不礼貌的行为，于是ü把眼镜摘掉后与j、q、x、y握手。j、q、x、y看到ü这样有礼貌，都非常乐意与它交朋友，从此ü见到j、q、x、y总是不忘记把眼镜摘掉。

ü的这一举动使它在拼音王国里成了大家学习的模范。因此，大家还编了一个有趣的儿歌来传唱：小ü小ü有礼貌，见了j、q、x、y，摘掉眼镜行个礼。

快乐学习有秘诀

知识小锦囊

ü见到j、q、x、y就要把头上的两点去掉，但是ü和n、l相拼的时候，就不用省略上面的两点，比如：绿（lǜ）和女（nǚ）。

轻松上场

你能帮助它们找到自己吗？

chàng gē

jú zi

xuě huā

jú huā

má què

qì qiú

菊花

气球

唱歌

麻雀

橘子

雪花

想一想

找出两个娃娃脸中隐藏的拼音。

第12天

有趣的记字方法

学习语文有秘诀

菲菲非常羡慕一个能背字典的神童，她经常在电视节目中表演。菲菲也找了本字典偷偷背。天哪，那可是世界上最枯燥、最无味、最困难的事情！菲菲硬着头皮背啊背啊背，一个、两个、三个……背了十几个就头昏脑涨了。

她偷偷问鸣鸣："我为什么就当不了背字神童呢？"

鸣鸣知道了她背字经过后，笑了老半天。

他说："菲菲，哪有你这样死记硬背的啊！你在用世界上最笨的办法学字。"

菲菲脸红了。

鸣鸣告诉菲菲，学生字、生词的时候，一定要掌握些巧方法才能记得牢、记得快。比如说，你可以把生字、生词放在句子里记忆，这样会产生语感，就好记。在读课文时，把自己想要记住的生词圈出来，然后再反复阅读有这些字词的句子。如果有图画就更容易记忆，还有那些能唤起你喜怒哀乐情感的句子也很妙，你可能一辈子都忘不掉呢。

菲菲恍然大悟：“字放到句子里读，字就像有了生命一样。这样记起来既生动又有趣。”

呜呜得意地点点头，说：“孺子可教也！”不过，记忆生字的有趣方法是很多的。

快乐学习有秘诀

学习技巧大公开

其实，学习生字的方法很多，你可以在句子中学习生词，也可以在生活中学习生词，换句话说，你可以把学到的生字用到生活中，认字就变成了一件特别有意思的事情了。

呜呜就是这样一个孩子。

于是，一年四季的景物变化，在呜呜的眼中总是别有一番风味。

有一天，他发现，因为冰雪融化，路上有一块地面变软了，走在上面一颤一颤的，好像在公园里玩跳跳床，他就特别开心地在那块湿地上玩了半天。为此，他还写了一篇日记，他把“冰雪融化、万物复苏”的独特感受写了进去。老师夸奖他是“班上第一个发现春天的人”，他高兴极了。

以后，每天放学路上，他都更加仔细地观察周围景物的变化，他看到树上刚刚长出的嫩芽，有点儿白，又有点儿黄，明白了书上说的“嫩绿”的意思。他的眼睛里充满了对生活的兴趣，语文课上学的生词都生动起来。因此，呜呜的语文成绩从来没有落后过。

学习方法讲一讲

几种有趣的记字方法：

1.用顺口溜记忆生字

汉字千变万化，种类繁多，有的字笔画很多，有的字是由几部分组合而成的。并且，每一个汉字都有读音，有的还不止一个呢！而同一个读音又会有很多的汉字，学习的时候，你有没有很疑惑？比如“辨”“辩”“辫”“瓣”这四个字，长得很像，很多小朋友都不知怎么辨别，然而，只要记住这个顺口溜就能轻松搞定这个问题了。

四个汉字站一站，
睁大眼睛仔细看。
两个辛字站两边，
中间点撇来分辨，
中间有言来争辩，
中间有瓜开花瓣，
中间有丝束小辫，
辨辩瓣辫要细辨。

看，如果这样记生字，不但有趣，还不容易忘呢。其实，只要掌握了方法，生字学习就不再是枯燥无味的事了。

2.用谜语记忆生字

养成看字谜的习惯，把字谜摘记在小本子上，和小朋友们一起互相猜问，这种方法既有趣又能开动你的脑筋，记忆生字也会变成一件很有乐趣的事情。先拿这些字谜考考你的小伙伴：

头顶“革”字头，口字在中央，北字分两旁，四点在下方。

——燕

一点一横长，口字在下方，嘴巴大张开，小口里面藏。——高

木在水里泡九次。——染

出力流了两滴汗。——办

出力流了两滴汗，却帮人办十件事。——协

土上两人背靠背。——坐

一亩田在空山中。——画

女人一个真神气，出门头上戴斗笠。

本是申家名门女，嫁给叔叔做房妻。——婶

3.玩游戏当识字大王

和小朋友在一起，两个三个都行，大家用动作表演成语或动词，让对方猜。这种方法可以复习成语和动词。

比如：声东击西、大惊小怪、哈哈大笑、掩耳盗铃、活蹦乱跳等。

做游戏学生字的方法还有很多，比如，还可以在卡片上写些错误的字，让对方找出错误。

学习要领要掌握

在一个大型宴会上，有几个日本人想让张作霖写幅字。张作霖明知这是故意刁难，但在大庭广众之下，也不好拒绝，他满口答应，令人拿来了笔墨纸砚。

只见他在铺好的宣纸上挥笔写下一个“虎”字，然后得意地落款“张作霖手黑”，盖上大印，然后搁笔，得意地望着大家。日本人面面相觑，不知何意。细心的秘书一眼就看出了其中的漏洞：“手墨”怎么成了“手黑”？他连忙贴近张作霖耳边低语：“您把‘手墨’写成了‘手黑’，应该在‘黑’字下面加一个‘土’。”

张作霖深思了一会儿，马上就有了主意。他故意呵斥秘书：“难道我不知道‘墨’字下面有个‘土’吗？因为日本人想要的就是中国的土地，作为一个中国人，我怎么能让他们把土带走呢？这就叫‘寸土不让’！”

语音刚落，满堂喝彩。那几个日本人这才明白过来，越想越没趣，只好悻悻退场了。

快乐学习有秘诀

知识小锦囊

“墨”字一般是指写字绘画用的工具，故事中的“墨”字主要是“墨宝”的意思，指写的字或画的画，也用来尊称别人写的字或画的画。

轻松上场

下面的字都可以拆成两个独立的字，请写在叶子上，你来试试看！

想一想

在记忆一些汉字的时候可以有许多巧妙的方法，比如：“小土”就是“尘”。你能写出下面所对应的字吗？

人 + 从 → ★	女 + 子 → ★
口 + 口 → ★	口 + 不 → ★
一 + 牛 → ★	二 + 人 → ★
工 + 力 → ★	乏 + 贝 → ★

第13天

成语学习有窍门

学习语文有秘诀

佳佳最近对成语学习有了很浓厚的兴趣，她觉得鸣鸣说话时不经意间就能弄出个成语来，好帅啊！还有每次在班级故事会上，他总能滔滔不绝地讲许多成语典故，这也把佳佳给羡慕坏了。这不，鸣鸣正拿着一些趣味成语的问题考大家，把大家逗得哈哈大笑，真是有趣极了。

鸣鸣的这些问题是这样的：

最劣质的彩电 不露声色

最大型的手术 脱胎换骨

最省事的厨师 画饼充饥

最大的差别　 天壤之别

最大的地方　 无边无际

最失望的心情 垂头丧气

最长的寿命　 寿比南山

最遥远的地方 天涯海角

最快的流水　 一泻千里

佳佳想：如果我能多知道一些成语的故事就好了。

这一天，她向鸣鸣问了好多关于

成语学习的方法，鸣鸣当然给了佳佳好多学习成语的建议，佳佳知道了成语不但有趣、形象、生动，它的书写和使用也有很严格的要求，学习的时候也得注意这些细节。

快乐学习有秘诀

学习技巧大公开

成语是长期以来形成的固定词组或短语。它是一种定型的短语或是小句子，它形象、简洁、精辟、生动，有着很强的表现力和独特的魅力。每一个成语都有其固定的结构和含义，需要牢固记忆，认真掌握，不可想当然地随意套用。

快乐学习有秘诀

学习方法讲一讲

在记忆和运用成语时，要注意以下几点：

第一，读准字音。

汉语中形近音异的字很多，还有不少字是一字多音。因此，记忆成语时，首先要弄清楚读音，特别是多音字和形似字，以免用错。

考考你：你能读准下面的词语吗？

居心叵测　　反躬自省　　深恶痛绝

参差不齐　　造诣很深　　刮目相看

第二，辨析字词。

汉语中同音异形的字很多，而成语又因为约定俗成，有其传统，不能随意乱用。下面加点的字就很容易写错：

川流不息　　班门弄斧　　莫衷一是　　口是心非

汗流浃背　　莫名其妙　　如火如荼　　麻木不仁

不遗余力　　发愤图强

第三，理解含义。

成语的活力，就体现在选用是否贴切生动上。了解成语的含义越是细致入微，就越能用得贴切，使语言生动。

在理解成语时，要注意分清古今词义的变化和一词多义的现象，切忌望文生义，因为很多成语单从字面上理解就能很容易发生错误。例如，“假公济私”中的“假”，若理解成“假装”便错了。再如：

举世闻名（全）　不名一文（占有）

毫厘不爽（差）　任劳任怨（担当）

克勤克俭（能）　奇货可居（囤积）

屡见不鲜（少）　荒诞不经（根据）

一见钟情（集中）格杀勿论（打）

有的成语，除了了解整个的意思，还要抓住关键的字、难解的字的含义。如“责无旁贷”是自己应尽的责任，不推卸给别人的意思。记住了“贷”的意思，整个成语的意思就比较容易记住，也就不会写错了。

确切分辨意义相近的成语，或把一组相近的成语放在一起记忆，都有助于你正确运用成语。例如：

感人肺腑

沁人心脾

承前启后

继往开来

无可置疑

无可争辩

第四，了解来源。

有的成语，要了解它的出处、来源，这样才能更好地掌握其意义。例如，“狐假虎威”，知道了这个成语来自《战国策》中的寓言故事，你就会知道“狐假虎威”的“假”是“利用”的意思，那你在记成语时，就不会把“假”记成“借”了。又如，“滥竽充数”来自南郭先生吹竽的故事，意思是不会吹竽的人混在吹竽的乐队里充数，后来比喻没有本事的人而占着职位凑数。如果了解这个成语的来源和意思，就不至于写成“烂鱼充数”了。

第五，善识褒贬。

同义或者近义的成语里，许多是带褒或贬的感情色彩的，选用不慎，差之毫厘，就会谬以千里。

因此，为了正确运用成语，还要正确掌握其褒贬意义。例如：

褒义	贬义
和蔼可亲	一团和气
扬眉吐气	趾高气扬
深思熟虑	处心积虑
再接再厉	变本加厉
精益求精	得寸进尺
生气勃勃	死气沉沉
笑容可掬	笑里藏刀

总之，我们在记忆和运用成语时，就要从上面五个方面入手，多想多问，勤查字典，逐步积累。只有这样，才能牢固地记忆和正确地运用成语。

快乐学习有秘诀

学习要领要掌握

三国时期，有一年夏天，曹操率领部队去攻打张绣，天气非常热，太阳像火一样炽热难耐。部队在弯曲的山路上行走，士兵们的衣服都让汗水浸透了。由于沿途没有水源，士兵十分口渴，行军的速度越来越慢，士兵的情绪也格外低落。

曹操看到这样的情景非常着急，担心会贻误了战机，他思索着该怎样提高士兵的士气呢？忽然他灵机一动想出一个非常好的主意。他大声对士兵们说："我知道前面有一大片梅林，那里的梅子又大又好吃。我们快点赶路，到那里就可以解渴了。"士兵们听说有梅子吃，精神大振，不但不觉得口渴了，而且行军的速度也快了许多。

这个故事也表现了曹操的聪明才智。在大军断绝水源、士兵口渴难忍的情况下，提到甘酸的梅子，让士兵引起条件反射。既暂时减缓了干渴之苦，又鼓舞了士气。

快乐学习有秘诀

知识小锦囊

"望梅止渴"的故事表示一个人用想象来满足自己的愿望，就像士兵们想到梅子就觉得口不渴了一样。成语"画饼充饥"与"望梅止渴"意思相仿，也指借助空想来安慰自己。

轻松上场

请你在下面填上相应的成语。

			一
		一	
	一		
一			

	三		四
	三		四
	三		四
	三		四

想一想

小动物们站在了自己的方格里，只要在空格中填入一个字，就可以连成一个成语，你也试试看！

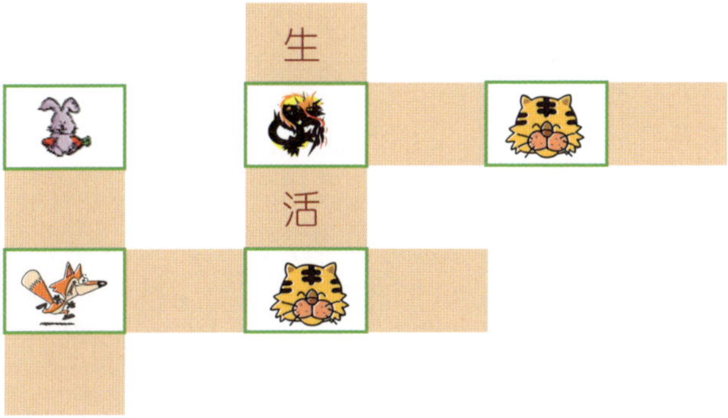

第14天

学会观察

学习语文有秘诀

每当老师布置作文的时候，总会听见小朋友们的抱怨声，比如，老师让小朋友们写篇《童年趣事》，可是这些孩子们想了半天，也想不起来什么事最有趣！也常常听到有的小朋友抱怨，一到写作文的时候，头脑里就一片空白，小小笔头有千斤重，“横眉冷对方格纸，俯首咬碎铅笔头”！唉！作文的材料都跑到哪里去了？

照理说，小朋友们的写作材料并不少。小学生写作文又不是作家进行文学创作，只不过是一种学习罢了。作文只是要求练习把自己亲身经历的事情，把自己看到的、听到的、想到的内容，用恰当的语言表达出来罢了。那么，怎么会感到没有材料可写呢？

原因可能有很多，但不会观察肯定是其中的一个很重要的原因。

小朋友们对我国的四大名著之一《水浒传》一定不会陌生，里面有很多细致、精彩的场面。尤其是打虎的场面更写得精妙绝伦。

《水浒传》里打虎场面很多，但每个场面都不雷同，让读者总有耳目一新的感觉。你知道作者施耐庵为什么能把那么多打虎的场面写得个个生动传神吗？

那是因为他细心观察过虎。为了写好小说中的打虎情节，他不顾危险，多次跑到人烟稀少、老虎经常出没的深山老林里，爬到高高的大树上，骑在树杈上长时间地观察老虎的生活习性、走路的姿态、捕食的动作。同时，他还走访了许多猎人，向他们了解怎样捕捉老虎、怎样与老虎搏斗等。正因为施耐庵能够仔细地观察，才使得他笔下的打虎情形如此生动。

快乐学习有秘诀

学习技巧大公开

的确如此，不会观察，你就发现不了生活中丰富多彩的有趣材料。因为不会观察，所以即使生动活泼的材料就在身边、颇有兴趣的故事刚刚讲完，让你提起笔去写，你还会大喊没有材料。这真有点儿像一个人手中拿着笔，又东奔西走大喊“笔在哪里”一样。

有些同学肯定读过《小猴子下山》，不会观察的小朋友就像那个掰玉米的小猴子，掰一个，丢一个；又掰一个，又丢一个，到头来什么也没有得到……

所以，小朋友们一定要学会观察，通过观察先积累大量有趣的资料。就好像你要到大森林里去采蘑菇，一定要带上篮子，采一个装一个，采两个装一双。采着采着，我们的篮子就装满了。想写好作文的小朋友，也得准备一个篮子，得准备一个永远装不满的“宝篮”，随时把看到的东西装到篮子里去。久而久之，你一定会有取之不尽、用之不竭的写作材料。

学习方法讲一讲

写文章要学会观察，可是应怎样观察呢？

1.留心

生活中，时时处处都有让我们怦然心动的人、事、景物：辛勤的老师、慈爱的亲人、美丽的景色、有趣的游戏、丰富的活动、要好的伙伴、秋菊的绽放、秋雨的连绵、北雁的南飞、树叶的飘落……只要时时处处留心去捕捉，你就会发现，可写的内容处处都有。

2.细心

大千世界，包罗万象：花草树木、鸟兽鱼虫、风云雨雪……观察时还需要用心，就是要全身心地投入，细致入微地去观察，从而发现“闪亮”的东西，写起来就能具体了。

3.耐心

要想捕捉到事情的转折、人物的特点、动物的生长、景物环境的变化，都要耐心地去观察，才能清楚、全面地把握观察对象的特点，不能走马观花，匆匆一瞥，抽身而去。只有耐心观察，你才能写得生动、具体。

大千世界，有写不尽的人、写不尽的事、写不尽的物。感到没有内容可写，说明我们还没有熟悉世界、熟悉生活。罗丹说得好：“生活并不缺少美，而是缺少发现。”我们应该到生活的矿藏中去，去开掘，去取材，用我们手中的笔，描绘这个绚烂的大千世界。

快乐学习有秘诀

学习要领要掌握

清朝时，苏州有一位姓蔡的官员，十分欣赏郑板桥独特的书法风格，经常邀请郑板桥一起切磋书法。

有一年，蔡大人邀郑板桥一同到街巷观赏对联。两人看到有一户人家贴的春联，上联为：二三四五；下联为：六七八九。

郑板桥看后，不禁顿生怜悯之心，匆匆离去又气喘吁吁而回，只见他夹着几件衣服，肩上还背着一袋大米，随后敲开了那户人家的大门，和官员一同走了进去。

郑板桥深情地说：“穿上衣服，煮饭吃吧！”

那家人感激涕零，不禁潸然泪下。

出门后，蔡大人疑惑不解地问：“仁兄，您是怎么知道要给他们买这些东西的呢？”

郑板桥微微一笑说道：“他家的对联不是表明了‘缺衣少食’（缺一少十）吗？”

快乐学习有秘诀

知识小锦囊

这则“对联”的横批是“南北”，意思是“没有东西”。横批起画龙点睛的作用，而且也要与上下联的意思相关。

轻松上场

下面的每个成语都缺少一对反义词，快来开动脑筋填一填吧！

□邻□舍	□同□异
□斩□奏	□来□往
□新□旧	□奔□跑
□惊□怪	出□入□

想一想

相传，有一次乾隆到了顺天通州，乾隆非常高兴，随即出了一句上联：

南通州，北通州，南北通州通南北；

乾隆让随从人员对出下联，众人想了半天，面面相觑，谁也对不出来。乾隆以目示纪晓岚，纪晓岚本不想对，但皇上点到头上了，只好对道：

东当铺，西当铺，东西当铺当东西。

乾隆赞叹不已。

第15天

课后复习要及时

学习语文有秘诀

有些同学聪明伶俐，对于老师在课上讲的内容，一听就明白，理解得也比别人快。按理说，这么聪明的学生，学习应该很优秀，但是，事与愿违，他们的成绩却很普通。

为什么呢？他们自己也很纳闷：“上课的时候，我明明都听懂了，也掌握了所学的知识了，怎么还是考不出好成绩呢？”

如果再仔细分析的话，你就会发现，原来这些学生自以为已经掌握了所有的知识，而且自己的记忆力也很好，所以下了课后从不复习。久而久之，那些学过的东西很容易就渐渐淡忘了。

爱因斯坦记忆力超群，很多人曾经询问他的记忆秘诀，他回答说：“说起来也很简单，就是重复、重复、再重复！”

心理学研究表明，刚学过的东西如果不马上复习巩固的话，就会逐渐遗忘。虽然你上课听懂了，但若省略了复习环节，就会使所学知识的系统性、完整性受到破坏。时间一长，所学的知识自然就会逐渐模糊、忘却、不成系统，这样当然容易

忘记了。

心理学家曾经做过这样的实验：让三组的学生熟记同一篇诗歌，第一组间隔一天复习，第二组间隔三天复习，第三组间隔六天复习，一直熟记到的同一个程度为止。结果第一组学生平均需复习四次，第二组平均需要复习六次，第三组平均需要复习七次。可见，复习间隔的时间越短，复习的次数就越少。如果复习能做到及时，就可以提高熟记的效果。

学习技巧大公开

有种很有效的课后复习方法叫“尝试回忆”或“试图回忆”，即在听课的基础上，把所学内容回忆一遍，这样可以检验你的听课效果。

也有人把这种方法叫做“过电影回忆法”。如果能顺利回忆，就证明听课效果好，反之就应寻找原因，改进听课的方法。

回忆是一种积极主动的活动，需要高度集中注意力，把学过的知识在头脑中“再现”一遍，从而巩固所学的知识。

你可以一个人单独回忆，也可以几个人在一起互相启发、补充回忆。课后回忆可以按教师的板书提纲进行，也可按教材的纲目结构进行，从课文到重点内容，再到例题和每部分的细节。

电影开幕前的那几分钟，你是在焦急地等待，还是与人唧唧喳喳议论不休？还有等电梯的时候，在站牌下等公交车的时候，在回家的路上……这么多等待的时候，也许只有几分钟，可是如果能在这短暂的几分钟里把今天刚学的内容在脑海里像放电影一样回映一遍，效果肯定出乎你的意料。

学习方法讲一讲

过电影回忆法至少有两个优点：

1. 随时随地。过电影回忆法可以简单回忆知识点，也可以详细回忆所有的内容，可快可慢，这样就能充分利用生活中一些零碎的时间。

2. 查缺补漏。过电影回忆法是在脑海中尽可能清晰地重现学过的内容，如果放映出现间断，说明还没有完全记住。这时要立即看书并找出记忆的薄弱环节，如此循环往复，记忆效果将会提高，而且所记内容也会牢固准确、清晰无比。

过电影回忆法的三种方式：

1. 如果时间短暂，你要让大脑尽快播放电影，只要问自己几个问题就行了。比如：今天学了什么课程？课程的题目是什么？课程分成几块内容？每块内容的重点是什么？

2. 如果时间比较充裕，你可以用时快时慢的方式，把那些不太重要的内容快速地放映，而每到重点内容或关键的词句、文学常识的时候，就要采用慢镜头的方式，甚至定格，反复琢磨。

3. 如果时间很充裕，你完全可以用默读的方式，在脑海中一字一句地播放，就像朗读或默写一样，这种方法可以有效地提高记忆的准确性。

快乐学习有秘诀

学习要领要掌握

宋代有位州官叫田登，他非常忌讳别人说自己的名字，下令凡是遇到“登”字都要避开，甚至连与“登”读音相同的字也不许说，结果闹出了不少笑话。

在他到任后的第一个元宵节，按照当地的传统，百姓要点上灯笼过节三天。但是由于“灯”与“登”同音，百姓不敢说，衙门办事的人不敢写，只好用“火”代替“灯”字。

结果，衙门贴出的布告里，“灯”字全部变成“火”字。于是，出现了“本州依例放火三日”等句子，意思就是说依照惯例放灯三天。

布告一贴出，百姓们议论纷纷，都说“只许州官放火，不许百姓点灯”。这句话一直流传至今，揭示了旧时官员用权力欺压百姓的行为。

快乐学习有秘诀

知识小锦囊

避讳是封建社会里特有的现象，故事中的“登”与“灯”就是这种现象。常见的方法是用读音相同或相近的字来代替要避讳的字。

轻松上场

大自然中生长的树木各种各样，那么，你能写出多少种树的名称呢？下图方格中，周围已经写好了八个字，现在在中间填上一个字，与外面的八个字组成八种树。小朋友，这个字是什么呢？

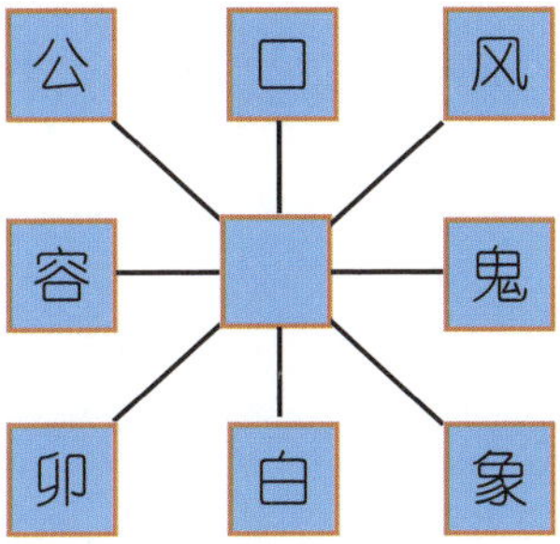

想一想

看，天空中的云彩带来许多字，赶快抓住它们，补充下面的空白。

鲜________　森________　苹________　书________

________视　________亮　________璃　________球

第16天

积累词语财富

学习语文有秘诀

很多同学都抱怨写作文很难，拿起笔来大脑空空，其实，这是因为平时不注意积累。如果能把每天看到的好句子、听到的好词语和亲身经历的感触记下来，就不愁脑子里没有材料了。说到底，得学会积累！先来看一个有关积累的小故事：

有两个小和尚分别在山南和山北两个寺庙里修行，他们每天都在同一时间下山去溪边挑水，不知不觉中四年过去了。

突然有一天，山南的和尚来溪边挑水没有遇见山北的和尚。他很纳闷，山北的和尚去哪里了呢？一连几天，山北的和尚都没有来溪边挑水。山南的和尚终于忍不住了："莫非是他病了？我得去看看他了。"当他来到山北的寺庙时，看到山北的和尚正在悠闲地练拳呢！

山南的和尚很疑惑，问山北的和尚说："你是不是生病了呀？几天都不见你下山挑水了。不过，看你现在的精神倒是很好的。”

山北的和尚笑着说：“哈哈，我哪里生病啊，我是自己在山上挖了一口井，不用再下山挑水了。”

山南的和尚很困惑地说：“区区几天时间怎么能挖出一口井呢？”

山北的和尚不紧不慢地说：“这你就有所不知了！四年来，不管多忙，我每天都会抽空挖这口井。几天前，井里终于冒出了清水，我就不必再下山挑水了。现在可以腾出更多的时间练拳了。”

快乐学习有秘诀

学习技巧大公开

小朋友，这就是积累的力量！不要抱怨为什么别人写文章时可以如行云流水，而自己绞尽脑汁也想不出只言片语，其实原因很简单。

语文学习也是这个道理，每天拿出很少的一点儿时间去读几页书，随时随地学几个生字，多学习一点儿知识，多留意一些别人平时不在意的事情，就像挖一口井，不知不觉就挖出水来了。

不要小看一个词、一句话的收获，或许正是这一点一滴的努力，你会走在别人的前面。

善于利用那些容易从你身边溜走的点滴时间，随时积累你的词语财富，你的语言在不经意间就丰富起来了。

积累就是从点点滴滴开始的，比如说当你看到一个有趣的成语故事，就开口把它讲给同学或家人听，这是个轻松记忆词语的好方法，还能增加你的个人魅力呢！当你出口成章、妙语连珠时，人家肯定会对你刮目相看的！

一个主动挖掘词语“宝藏”的聪明人，语文成绩肯定比“守株待兔”的人强。

快乐学习有秘诀

学习方法讲一讲

第一招：从课文中积累

语文教材中选入的课文，词语丰富，文辞优美，遣词造句生动、准确、精练，是积累词语最好的材料，应该认真掌握。

第二招：从课外阅读中积累

平时我们可以广泛地阅读古今中外的名著名篇，浏览有益于身心健康的报纸和杂志，在阅读中处处留心，学习那些用得精彩或自己认为有意思的词语。这样，久而久之，就会积累相当多的词语。

第三招：从笔记中积累

随身携带一个小笔记本，遇到好的东西立即记下来。日积月累，就会使自己的词汇量大大增加。

第四招：从归纳中积累

把同类或相关的词语放在一起，进行比较学习。例如：把反义词组成的词语集合在一起，如：左思右想、前呼后拥、出生入死、大惊小怪、南辕北辙、声东击西等。把重叠的词语集合在一起，如：冒冒失失、家家户户、隐隐约约、白雪皑皑等。

第五招：玩接龙游戏

把一词的词尾同另一词的词头接起来。例如：“大同小异—异曲同工—工工整整—整装待发—发号施令”。

还可以和几个好朋友一起来玩这个游戏，看谁接得快，接得多。

快乐学习有秘诀

学习要领要掌握

纪晓岚是清朝有名的大才子，乾隆皇帝非常喜欢他。有一天，纪晓岚正与几个大臣光着膀子聊天，乾隆忽然进来了，众人们急忙把衣服披在身上。纪晓岚随口说了一句：“老头子来了。”也急忙找衣服，可是皇上已经走近了，他只好趴在地上不敢起来。

乾隆坐了两个小时，还是不走。纪晓岚心里也慌了，知道刚才一定是“老头子”三个字触怒了皇上。乾隆说：“你如此无礼，我问你‘老头子’是怎么回事？讲不出来就定你死罪。”

众人都为纪晓岚捏一把汗。纪晓岚早就想好了词，恭敬地说：“启奏万岁，‘老’是长寿的意思，万年长寿为老；‘头’是万物之首，为天下万物的首领；‘子’是帝王以天为父，以地为母，对于天地来讲就是‘子’。连在一起不就是‘老头子’嘛！”

乾隆一听，说的都是赞美之词，气也就消了。

知识小锦囊

“老头子”用来指年老的男子，多有厌恶的意思。乾隆皇帝听到纪晓岚这样叫他，当然会非常生气，但是经过纪晓岚的一番解释，却充满了赞美之意，使乾隆龙颜大悦。

轻松上场

你能让句子变得更生动吗？

小猴子爬上树。

（　　）小猴子爬上（　　）树。

鱼儿在水中游。

（　　）鱼儿在水中（　　）游。

小兔子在吃胡萝卜。

（　　）小兔子在（　　）吃胡萝卜。

冬天到了，雪花飞舞。

（　　）冬天到了，（　　）雪花（　　）飞舞。

想一想

你想过吗？你也有过这些梦想吗？

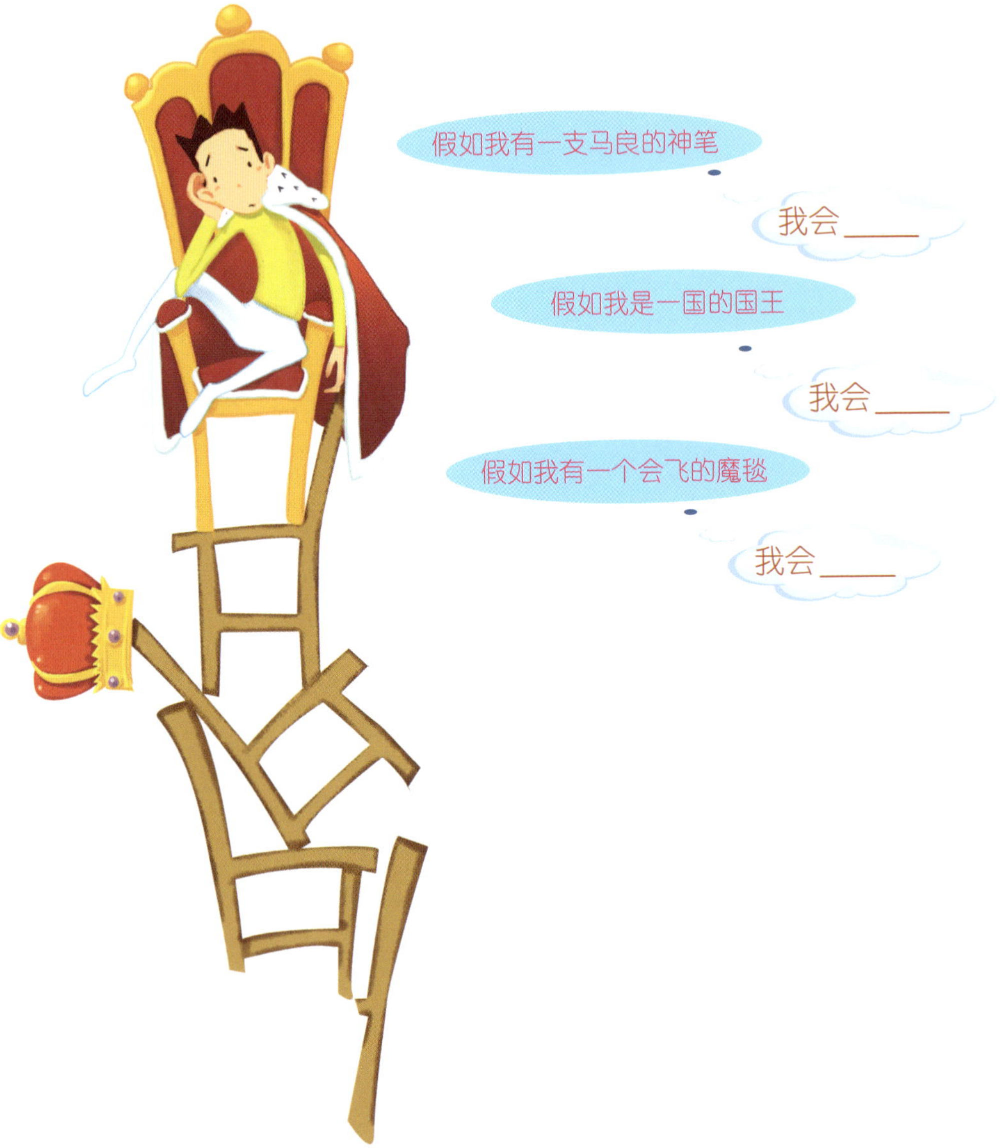

第17天

挖掘课外书中的宝藏

学习语文有秘诀

菲菲很喜欢上语文课，因为优优老师讲课旁征博引、生动有趣，同学们都很喜欢她，觉得她不但像个天使，还是一个智慧女神。

有一次，语文老师和大家聊天，同学们都竖起耳朵注意听，生怕漏掉了关键点。老师讲到她的童年，那时的她很自卑。

“自卑？老师，您这么有才华居然还会自卑？我们崇拜您还来不及呢！”同学们惊讶地说道。

语文老师笑了笑，继续说道：“因为我小时候觉得自己不漂亮，肯定没有人喜欢我。直到有一天，我从书上读到一个故事，就是这个故事改变了我的看法，使我成为现在这样充实而自信的人。”

同学们重新看了看自己的语文老师，才发现老师的长相确实算不上漂亮，但却透着一种比漂亮更吸引人的气质。所以，同学们从来都没有觉得自己的老师不漂亮。于是同学们更好奇了，央求老师快点讲讲这个影响老师一生的故事。

于是，语文老师把这个故事告诉了大家：

一个人，在路旁发现了一堆充满芳香气息的泥土。他就把这堆泥土带回了自己的家。

有一天，这个人好奇地问这堆泥土，你是来自大城市的珍宝，还是一种稀有的香料，或者是价格昂贵的什么特殊材料？

泥土微笑着摇头，说自己只不过是一块普通的泥土而已。

这个人又问它，那浓浓的香味是从哪里来的？

泥土回答说，它曾在花园里和鲜花相处过很长一段时间。

靠近鲜花的泥土，吸收了鲜花的芬芳，它就不再是一堆普通的泥土了。

语文老师说，这个故事启发了她，她希望自己也成为“靠近鲜花的泥土”。她读了许许多多好书，当她经常接近书中那些智慧、高尚、坚强、善良的心灵时，她觉得自己的精神世界也就变得富有起来，从此不再自卑，反而觉得自己特别充实和快乐。

同学们听后，都很有感触。菲菲也暗下决心：“我也要成为靠近鲜花的泥土，那‘鲜花’就是我的书。”

快乐学习有秘诀

学习技巧大公开

一本好书，就像一个伟大的老师，言语中闪耀着智慧的光芒，我们可以和最伟大的将军一起指挥战斗，可以向最博学的科学家请教大自然的奥秘，可以向文学大师讨教写作的秘密……这真是一笔宝贵的财富，不能享受这份“精神财富”是很可惜的，就像找到了藏宝洞却拿不出宝物一样遗憾。

这里值得一提的就是，书分好书和坏书，好书能教人，坏书能害人。课外书可不是随便找来看就成的。课外书就像百花盛开的大花园，高手读好书，会像小蜜蜂那样采百花之粉，酿出最好的蜜来。多读些好书，不但会充实你的思想，更会让你的语文成绩得到明显的提高。

快乐学习有秘诀

学习方法讲一讲

读课外书的好方法：

1.做记号

把特别优美的词、句、段进行圈点勾画以加深印象。

2.摘录

把优美的词、句、段摘录到笔记本上，经常翻阅，把别人的优点“挖”过来。

3.写体会

遇到能让自己产生思想共鸣的文章或者让你深受启发的文章，写一篇读后感。这样既能加深对原文的理解，又练了笔，还提高了自己的理解和表达能力，是个一箭双雕的好办法。

4.撰写提纲

读篇幅长的书，在理解了内容后，整理出它的提纲来，可以从中学到作者谋篇布局的方法，这对你的作文写作也有帮助。

5.精读与浏览

一些长篇大作，不必逐字逐句去推敲，快速浏览，把握整体就行了。遇到好文章，读到精彩处，就应放慢速度仔细读，认真领会。

快乐学习有秘诀

学习要领要掌握

苏轼是宋代的大文豪，平时喜欢游山玩水。有一次，他脱掉官服，换上便装到莫干山的一座寺庙游玩。这座寺庙的老方丈一看来的人相貌平平，并不出众，穿着也非常朴素，就坐在自己位子上没有动，只是很冷漠地说了一句：“坐！”转身对旁边的小和尚说：“茶！”

苏轼看到方丈如此怠慢自己，有些不高兴，便想戏弄一下这个以貌取人的僧人。于是说：“取善簿来。”意思是要施一些香火钱，他在善簿上写下了100两。老方丈心里乐开了花，赶忙对苏轼说：“请坐。”并吩咐小和尚说：“上茶。”

经过交谈，老方丈得知来的人是大文豪苏轼，急忙向前行礼，笑着说：“请上坐。”转头又吩咐道：“快，上好茶。”老方丈央求苏轼为寺庙题字，苏轼写了一副对联：

上联是：坐，请坐，请上坐；

下联是：茶，上茶，上好茶。

快乐学习有秘诀

知识小锦囊

“对联”俗称对子，对联艺术是中华民族的文化瑰宝。对联文字长短不定，短的仅一两个字，长的可以达到上百字。

轻松上场

小朋友们，从故事中你还得到什么启示？其实重要的是要礼貌待人。

下面的话有礼貌吗？在你认为对的后面画上一朵花。

“喂！去前门怎么走？”

“阿姨，请问去前门怎么走？”

“欢迎您下次再来！”

“谢谢您对我的帮助！”

“老头，让开，我要先走！”

“请您慢走！”

“再见，王老师！”

想一想

礼貌用语无处不在，这是与他人交流的法宝。

第一次见面的时候说：您好

向别人请教问题说：请问

请求别人的原谅说：包涵

有客人来了应说：欢迎

中途要先走应说：失陪

与人分别的时候说：再见

得到他人的帮助说：谢谢

第18天

用阅读计划来营造你的阅读宝库

学习语文有秘诀

我们先来看一个关于爱迪生的故事：

世界上著名的科学家爱迪生，一生的发明有1000多项，在人类科学史上创造了奇迹，被人们誉为“发明大王”，可是谁能想到他在选择正确的读书方法上，还走过一段弯路呢？

爱迪生小时家境贫困，他一边卖报，一边读书。一天，有位先生问他：“你读过多少书了？”

小爱迪生天真地回答：“我已读了15英尺厚的书了。”这位先生好奇地问：“你原先读的书，和你现在手里拿的这本书，内容完全不同，你是怎样阅读的？”

小爱迪生认真地回答道：“我是按照书架上图书的次序读的，我想把这图书馆里所有的书，一本接一本地读完！”这位先生听了更为惊讶，他郑重地对爱迪生说：“如果没有目标，不会选择书籍，学习效果不会很好。希望你选定一个目标，然后朝着这个目标去努力。”

真该感谢这位不知名的先生，不然爱迪生即使将整个图书馆的书全读完，也未必能有一项发明。试想，一个人做学问，选择方向和目标怎么能由书架上书籍排列的顺序来决定呢？一个人一生的精力怎么能够将整个图书馆的书都读完呢？退一步说，即使能读得完，那又有什么好处呢？幸好爱迪生经历了这样一次不平凡的谈话，这给了爱迪生莫大的启迪和帮助，从此他严格遵循朝一个目标读书的原则，终于在科学发明上作出了重大的贡献。

学习技巧大公开

俄国大作家列夫·托尔斯泰曾经说过：“要有生活的目标——一段时期的目标、一个阶段的目标、一年的目标、一个星期的目标、一天的目标、一个小时的目标、一分钟的目标，还得为大目标牺牲小目标。”

生活要有目标，阅读更要有目标，而要保证目标的实现，就必须制订多层次的读书计划。这个多层次的阅读计划分为长远阅读计划、中期阅读计划和每日定额计划三种。

学习方法讲一讲

1.长远阅读计划

制订长远的阅读计划，就是把自己一生的时间当做一个整体来规划，按童年、少年、青年、壮年、老年各阶段进行统筹安排。制订长远阅读计划时需要考虑以下因素：明确地规定自己使用的时间，根据自己的学识、特长，考虑工作性质、身体状况、家庭条件等，从而制订出比较切实可行的计划。诸如：在这么漫长的岁月里，主攻方向是什么？要使自己的研究达到什么程度？准备读几类书？全部过程要分几个阶段实现？最终实现的目的是什么？有了这样的规划，就能使自己每一年、每一个月，甚至是每一天读书学习都有个大致可以遵循的轨道。这条轨道可使你读书学习的“行星”绕着特定的“恒星”旋转，不至于迷失方向。

2.中期阅读计划

长远阅读计划毕竟是粗略的，它只是规定了阅读的大方向、大进度，因此有必要制订较为具体详细的中期读书计划。

中期读书计划的时间一般定为一年较适宜，在遵循长远规划的前提下，确定一年的阅读任务：这一年研究的中心和重点是什么？必须读哪些书？达到什么样的要求？一年的读书计划可以按季节和月份的顺序进一步划分，尽可能有明确的目标和具体的任务，不要流于形式。

3.每日定额计划

为了保证长远阅读计划和中期阅读计划的落实，每日定额读书是非常重要的。在长远计划和中期阅读计划的指导下，每日完成任务，才会使长远计划和中期计划得到落实。

不论是制订长远规划、中期阅读计划，还是制订每日定额，都要脚踏实地，不只追求形式，还要留有余地。这样日有渐进，年有收获，一步一个脚印，天长日久，持之以恒，读书学习终会见成效的。

快乐学习有秘诀

学习要领要掌握

相传乾隆皇帝寿诞，百官进献礼品，奇珍异玩，列满金殿。宰相刘墉却悠然提着一桶生姜走上殿来，献给皇帝。

众臣哗然，乾隆大惑不解，问刘墉是什么用意。刘墉说："请皇上仔细看这生姜是什么形状？"

乾隆端详了一会儿，说："朕看好像是层层叠叠的山啊!"

刘墉道："正是，臣以为满朝大臣所献的礼品都不如臣的贵重。臣所献的是'一桶(统)姜(江)山'。愿皇上永镇大清天下。"

乾隆听了，龙颜大悦。

"一桶姜山"谐音是"一统江山"。刘墉之所以能拿平常之物换取皇帝的喜悦，是因为他抓住了统治者的心理，不仅仅是修辞的妙用。

快乐学习有秘诀

知识小锦囊

在汉语中巧用谐音会收到意想不到的效果，还可以利用文字同音、同义的关系，使一句话涉及两件事、两个内容，达到一语双关的目的。

轻松上场

芳芳做了一个大大的圆盘，中间是“一”字，隐藏了八个“一”字成语，小朋友，你能写出来吗？

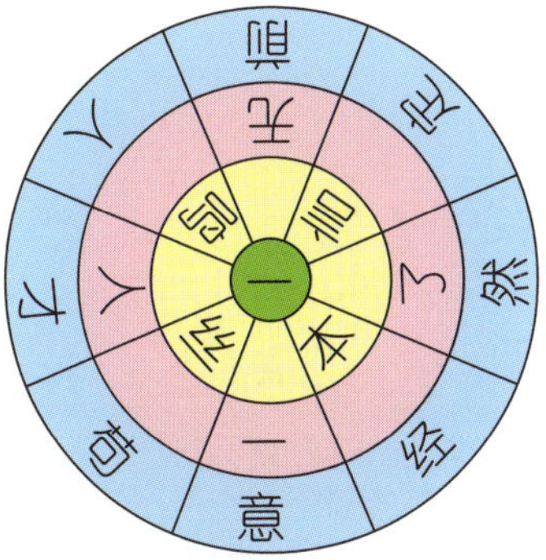

想一想

当你填上所有的字后，你发现了什么？

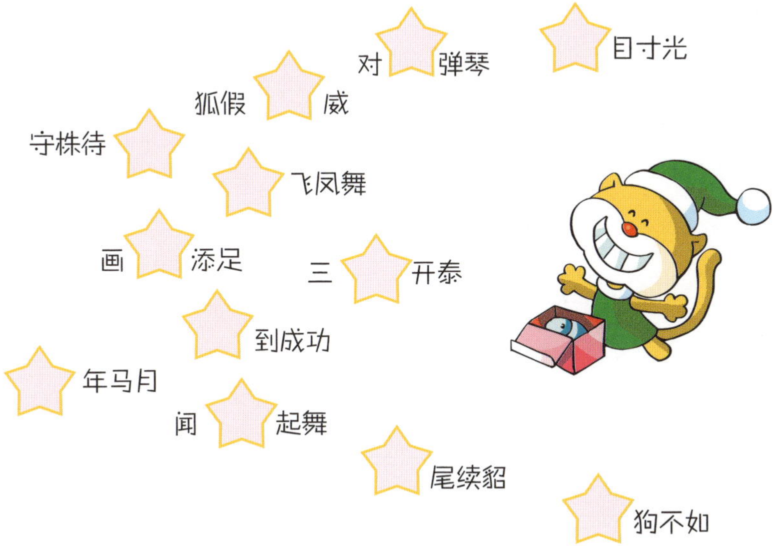

第19天

阅读的益处

学习语文有秘诀

今天优优老师给大家讲了一些关于阅读好处的问题，这让佳佳很受启发。

老师说，犹太人的智慧是世界上公认的，很多大发明家、诺贝尔得奖者和成功的商人都是犹太人，这与他们爱读书是分不开的。

在犹太人家里，小孩子稍微懂事的时候，妈妈就翻开《圣经》，滴上一滴蜂蜜，让孩子去亲吻《圣经》上的蜂蜜，用这种仪式告诉孩子：书的味道是甜的。

孩子懂事以后，都要回答这样的问题："假如有一天你的房子突然失火，你会带什么东西逃命？"如果孩子回答是"钱"或"财宝"，妈妈就会进一步问："钱和财宝不会让你真正逃命，因为

它们还有被别人抢走的危险。你能带走一种不会被别人抢走但又能帮助你摆脱困境的宝贝吗？”

要是孩子想不出什么，妈妈就会告诉孩子：“你要带走的不是金银财宝，而是知识。因为知识是任何人都抢不走的，只要你活着，它就永远伴随你。”

知识在哪里？知识就在一本本好书里。

快乐学习有秘诀

学习技巧大公开

一位伟大的学者曾经说过，优秀的书是由一种高贵的语言和闪耀的思想构成的财富，为人类所铭记、所珍惜，是人类永恒的伴侣和慰藉……书籍把我们介绍给良师益友，使我们认识迄今为止人类最伟大的灵魂。我们的阅读正是我们实现这种伟大沟通活动的媒介。没有有效的阅读，这一切都是惘然。

快乐学习有秘诀

学习方法讲一讲

1.阅读可以开阔眼界

我们从小就能熟背的唐诗名句“白日依山尽，黄河入海流。欲穷千里目，更上一层楼”告诉了我们一个朴素的哲理：要想看得更远，就必须站在更高的地方。要想使自己的视野更开阔，就必须不断学习知识，提高自己。

英国的大思想家培根说过：“历史使人明智；诗歌使人灵秀；数学使人周密；科学使人深刻；伦理学使人庄重；逻辑学使人善辩。凡有所学，皆成性格。”这句话说明，喜爱读书、知识广博的人，可以使自己变得明智、灵秀、周密、深刻、庄重、善辩，从而使自己的人生少犯错误、少走弯路，使自己永远立于不败之地。

“眼界在阅读中开阔，开阔为知行服务。”通过广泛的阅读，把知识应用到实践当中，用实践来检验知识的正确性，那么眼界就会随着认识的加深而不断开阔。

2.阅读可以完善人格

歌德说：“生活最大的危险是心灵开始变得空虚，正像一所房子一样，容易让罪恶钻进来，好书是最好的保障。”

小学阶段的我们，正处在人生观、价值观逐渐形成的阶段，因此这个阶段的我们容易叛逆，容易迷惘，容易感到缺乏理解。如果这个时期就能让自己养成多阅读好书的习惯，对你今后的人生会有意想不到的作用。读一读那些伟大人物的传记吧，就如同感觉伟人的伟大人格一般；读一读优美的散文吧，让心灵体验一下如沐春风的感觉；读一读经典名著吧，从文学的长廊里撷取人世间永恒不变的真理。无论你选择哪一本书，都会对你的成长大有裨益。

3.阅读可以纯净心灵

书是人类最忠实的朋友，它帮助我们洞察人生、感受世间的真情、明白为人处世的道理。伴随着阅读的不断深入，丰富的知识会使一个人的世界观、人生观发生巨大的改变，会使一个人的素质与道德都有所提高。

歌德曾经说过：“读一本好书，就是和许多高尚的人谈话。”事实上，读书不仅仅是一种健康的消费，更重要的是，读书可以使人的心灵更加高尚。

快乐学习有秘诀

学习要领要掌握

有一年年初，诗人王安石从扬州到了瓜洲的渡口。当船靠近南岸时，王安石往西边眺望，不禁怀念自己南京的故居。这时，一轮明月从东方升起，王安石有感而发，于是随口吟出一首绝句：

京口瓜洲一水间，
钟山只隔数重山。
春风又到江南岸，
明月何时照我还？

当他细细读来的时候，总是觉得第三句中的“到”字太平庸了，不够贴切。经过思考以后，他把“到”字改为“过”字，读了几遍后又觉得不好；又把它改为“入”字，读来还是不够准确；又把“入”字改为“满”，想了又想，改了又改，却总是找不到最贴切的字。最后，他忽然望见了绿色的山、树木和草。“绿色”不正是春天最好的象征吗？而“绿”字本是名词，用在这里更有动词的意思了。春风所到之处皆是一片生机。

这首诗流传至今，成了一首脍炙人口的绝句。

快乐学习有秘诀

知识小锦囊

这首诗中的“绿”字就是人们所说的“诗眼”。“诗眼”是指一首诗歌内容的凝聚点，常常是诗中精练传神的词语，你发现了它就等于抓住了中心思想。

轻松上场

下面的诗因为缺少了“诗眼”，整首诗都失去了光彩，你能填上吗?

白发三千丈，缘（　）似个长。

桃花潭水（　）千尺，不及汪伦送我情。

千山鸟飞绝，万径人踪灭。（　）舟蓑笠翁，独钓寒江雪。

绿杨烟外晓寒轻，红杏枝头春意（　）。

月落乌啼霜满天，江枫渔火对（　）眠。姑苏城外寒山寺，夜半钟声到客船。

想一想

有一首唐诗是王之涣的《登鹳雀楼》诗，其中有两句广为流传:

欲穷千里目，更上一层楼。

后来，有个文人自恃“高明”，一反其意，改成七字句:

到此已穷千里目，何须更上一层楼。

有的说这两句颓废不思上进，引起了许多人的反对。有一位清代人，又将这首诗改成另一七字句:

到此已穷千里目，谁知才上一层楼。

增加或变换不同的文字所表达的寓意就发生了变化，甚至把积极的含义变成了消极的含义。

第20天

会复习是考高分的法宝

学习语文有秘诀

复习不是简单的重复，如果你能开动脑筋，积极思考，复习是使你成绩迅速提高的好方法。会复习当然就是学习高手的一大法宝。

佳佳和鸣鸣都计划星期日抽出半天时间复习“字词”这部分内容。到了星期日，佳佳先翻找有关学习资料（过去的书、作业、卷子、笔记等），这就花去了一半的时间。她心烦意乱，好好的复习计划全泡汤了！

鸣鸣却早早把资料准备好，放在手边，开始做复习笔记。

佳佳看着鸣鸣津津有味地复习，再看看自己一下午的时间就这样混过去了，不禁情绪大跌。

鸣鸣告诉佳佳，学习的高手都很会做复习笔记，经过一次次地努力，把厚书变成薄薄的几页纸，而这几页纸就是全部知识的精华。

佳佳看着鸣鸣，想起自己以前总认为学过的东西反正要忘，早记也没用，等到考试前再用功吧，结果一到考试前，学的东西都没有头绪，觉得这也想看那也想看的，因此什么都没有看过来，效果当然就比不上鸣鸣这种有条理的复习方法了。佳佳觉得十分有必要学点儿复习的好方法。

快乐学习有秘诀

学习技巧大公开

复习重要不重要呢？

不用怀疑，复习当然很重要！因为复习可以强化记忆，使你学进去的知识真正变成你智慧的养分。复习的中心任务，就是把一个个分散的知识点并为一个有体系的整体。

复习是你成为学习高手的一大法宝，会复习的人比盲目复习的人效率一定高得多。

复习的时候先把基础部分复习好，再做点儿综合性的习题来提高能力。选什么题呢？要围绕复习的中心来选题，重点是做综合性的习题。这样，你的知识就更加完整化和系统化了。

快乐学习有秘诀

学习方法讲一讲

关于一些复习的好方法：

1.口头复述的办法

口头复述，就是把知识点的主要意思说出来。一定要及时对照，及时纠正复述中的错误。内容多就分段来口述。还可以使用录音机把口述的内容录下来，然后对照答案，在错误的地方或遗漏的地方做个记号，接下来再重点记这些要点。

背诗歌、背口诀、背课文都可以用这个办法。

2.写回忆录的办法

用笔把自己回忆起来的材料记录下来，然后再和原材料相互对照，纠正错误。用手写的办法调动运动知觉，用眼看的办法调动视觉，还可以和口述结合，试试看，是不是效果会更好些?

3.放电影回想法

在大脑中进行回忆，就像把学过的东西在大脑中放一遍电影一样：课文的中心思想是什么？结构和修辞手法有何特点？有哪些生词？如果不能回忆，最好立刻就翻书看笔记，或者问问同学和老师。

这个方法是经过许多专家和学生证明的最有效的方法之一，课间休息、散步途中、躺在床上，都可以进行默记，可以把你看过的、听过的、做过的事情都在记忆中沉淀下来，你可以随时随地慢慢回味。

4.自问自答法

自己当老师，自拟题目，自己答，可以口答、笔答，也可以心答，增强了复习的兴趣，还容易拿高分。当然，最好还是在系统复习的基础上再考考自己，针对重点难点，和老师在课上提示的要点来考考自己。

快乐学习有秘诀

学习要领要掌握

大熊猫家的山后长满了绿油油的竹子，大熊猫想：自己也吃不了这么多，不如把竹子砍下来去卖钱。于是第二天一大早，大熊猫就到山上去砍竹子了。它把砍好的竹子堆在一起，又忙着去砍其他的竹子。

可是，就在这时，不幸的事情发生了，一根竹子自己从竹堆中溜了出来。山下小白兔正在采蘑菇，竹子尖把小白兔扎伤了。大熊猫被拘留了，花狗警察为熊猫做笔录，结果一时疏忽，把“竹溜伤小白兔”写成了“溜竹伤小白兔”。狮子法官没有仔细去调查就把大熊猫关进了监狱。原来，“溜竹”和“竹溜”两个词中的两个字一颠倒，意思大不一样，“溜竹”是大熊猫有意把竹子溜下去伤了小白兔，而“竹溜”是竹子自己溜下去伤了小白兔，是无意的。

大熊猫被关进了监狱，一肚子的委屈无处诉说。

快乐学习有秘诀

知识小锦囊

颠倒词有很多趣味性，但是又有不同特点。有的词颠倒过来意义相近，如：互相—相互。有的词颠倒后意思完全改变，如：生产—产生。而有的词反过来就表示了它的用途，如：鱼网—网鱼。

轻松上场

请你写出下面词相应的颠倒词，然后想一想，它们彼此有什么区别呢？

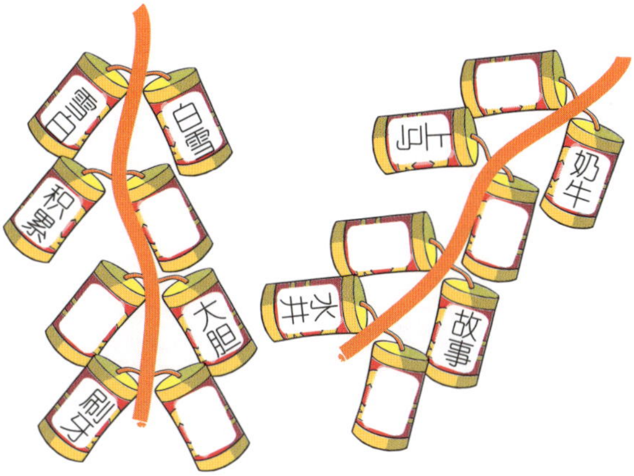

想一想

白雪公主为小矮人们出了一道很有趣的语文题。有“一、二、三、五、七、千”几个汉字，只要与同样的一个字组合就能变成另外一个字。

那个字是什么呢？组合后的字又是什么呢？

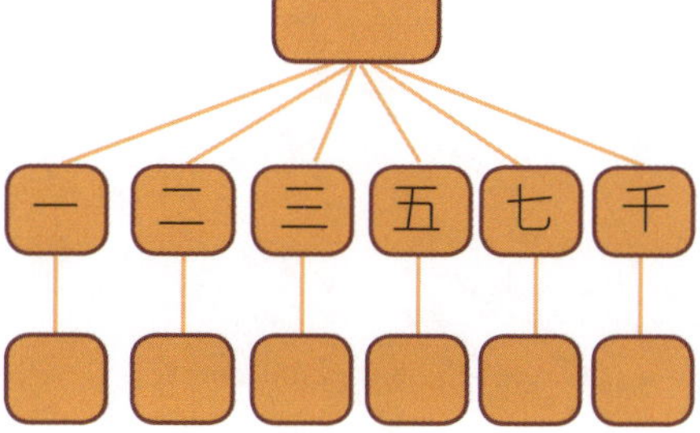

第21天

给文字插上想象的翅膀

学习语文有秘诀

微微是一个富有想象力的孩子，她很喜欢读童话、神话、科幻和魔法故事，因为这会让她展开想像的翅膀，不知不觉进入故事的世界，仿佛自己也变成了美丽的白雪公主、勇敢机智的哈利·波特、善良的美人鱼……

她还爱用文字记录自己的想象，一次她在自己写的诗歌《十二岁，你在想什么？》中写道：

晚风轻轻从耳边吹过
月儿弯弯洒下轻波
多像问号在问我
十二岁，你在想什么？
……
让我拉响青春的汽笛
乘上时代的列车
快快迎接新生活

她的这首诗歌受到了老师和同学的一致好评，全诗想象力丰富，富有创造性，其实想象力正是衡量创造力的重要标志。这样的句子是不是很吸引人？

无论学习哪个学科，想象力都是最宝贵的财富！

发挥想象力的秘诀就是：“再想想看，它还可以是什么？”

快乐学习有秘诀

学习技巧大公开

丰富的想象力对写文章来说的确是一笔宝贵的财富。爱因斯坦曾经说过："想象力比知识更重要，因为知识是有限的，而想象力可以涵盖世界上的一切。"

快乐学习有秘诀

学习方法讲一讲

该如何培养想象力呢？

1.拓宽自己的知识面

因为一个人的想象不会凭空产生，当你了解了某些知识点，从而使你的大脑有了一定的储备后，可能生活中的某个片断就可以触发你的灵感。在一定知识基础上的想象才能展开翱翔的翅膀，迸出耀眼的火花。但如果没有掌握一定的知识就进行漫无边际的想象，这往往是空想和胡思乱想。

2.多阅读，提高语言素养，充分发挥语言激发想象力的作用

比如当你读到"在又冷又黑的晚上，一个赤着脚的卖火柴的小女孩在街上走着，一双小脚冻得红一块青一块，她艰难地边走边叫卖。这一整天，谁也没有买

过她一根火柴，谁也没有给过她一分钱，她又冷又饿，只好在一座房子的墙角边坐下来，蜷着腿缩成一团。越来越多的雪花落在她金黄色的头发上，她手里捏着一把烧过的火柴梗……

可怜的女孩，竟在大年夜里冻死了。”这时，你会展开联想，就像真正见到了这个可怜的小女孩一样，或许你还会滴下同情的泪水。

3.多做相关的习题，使想象力有充分发挥的空间

因为一个人只有在外界的客观实践要求下才会产生创造新事物的动机和兴趣，才会进行创造性想象，多作一些相关的练习会有利于提高想象力。例如一个学生作一篇《乔迁之喜》的作文，他给文字插上想象的翅膀，大胆描绘一个可供人类移居的太空城，文中把那个美丽的太空城设计成巨大的螃蟹形：圆壳是城市中心的控制室，毛乎乎的大夹是中心研究室和航空港，八条腿就是八条街道。那里的人们和睦相处，亲如一家；那里的房子用气充成；衣服颜色艳丽，样式新颖，能抗寒消暑……一幅全新的人类未来新生活图景。

此外，写作是一种情感的流露，想象活动还要倾注作者炙热的情感。因此要将情感融入在写作中，这样才能更有效地给文字插上想象的翅膀。

快乐学习有秘诀

学习要领要掌握

东晋太傅谢安经常与年轻人在一起聊天。有一年冬天，天上飘起了鹅毛般的大雪。他把家里年轻人都叫来一起赏雪。谢安想考考他们，便笑着问：“雪花纷纷飘落，像什么呢？”

谢安的侄儿抢着说：“撒盐空中差可拟。”意思是“像从空中撒下的盐”。谢安听了摇摇头，虽然盐和雪花的颜色都是白色的，但是盐比雪要重，在空中落得快，没有雪花轻盈飞舞的感觉，所以用盐形容雪是不准确的。

谢安的侄女谢道韫想了想说：“未若柳絮因风起。”即“漫天的雪花好像柳絮乘着风在飞舞”。谢安听了之后非常高兴，雪花在风中慢慢飘落，用柳絮来形容，既包含了雪的白色，又把雪花轻盈的体态比喻得恰到好处，所以再准确不过了。

快乐学习有秘诀

知识小锦囊

谢道韫是东晋时期的才女，在儿童的时候就已经显露出了非凡的才华，后人因此称她“咏絮才”。谢安也是东晋后期的一代名将，曾打败苻坚的百万大军。

轻松上场

飘浮的白云像 ●	● 宝石
空中的飞机像 ●	● 
长长的像 ●	● 绳子
弯弯的镰刀像 ●	● 
美丽的像 ●	● 宝塔
闪烁的星星像 ●	● 
高高的像 ●	● 拱桥

想一想

让我们一起来描绘这幅图吧!

圣诞节到了，两只________的企鹅一起来装饰圣诞树，圣诞树的颜色是__________色的，它们在树上装饰了__________。树太高了，有一只企鹅爬上了_________，另一只戴着帽子的企鹅看到这么_________的圣诞树，高兴地跳起了舞。

第22天

日记天天记，练就作文真功夫

学习语文有秘诀

日记是我们最好的朋友，无论我们感到多么气愤、高兴、害怕、危险或困惑，它都会和我们朝夕相伴。日记是我们的好伙伴，我们可以在它那里毫无保留地倾诉衷肠，它会静静地在那里倾听，不插一句话，而且也不会在你背后说坏话。日记是我们的精神向导，它能够清理我们的思绪、增强我们的信心，使我们更快乐地生活。

写日记是一种乐趣，读一读过去的日记，能看到我们成长了许多，从前的我们是那么愚蠢和幼稚，为了一支铅笔，我们可以和朋友翻脸；为了妈妈的一句话，我们可以不吃晚饭。

微微就是一个爱记日记的孩子，从会写字开始就养成了记日记的习惯。现在，她每每翻开以前的日记，就觉得自己拥有比别的小朋友更多的快乐，因为她留住了时光的足迹。这可真是一笔难得的财富呢！

我们一起来分享一下她的经历：

2007年5月12日

最近几天我的烦恼越来越多，尤其是因粗心大意导致的烦恼，让我很难受。

今天早上在班里量体温的时候，我甩了一下温度计，只听“叭——”的一声，不小心松了手，温度计掉在地上，摔得粉碎。我脸色发白，心怦怦直跳，心想：这下可好，不光要赔钱，还得被老师批评一番。

班里的温度计只剩下6支了，全班同学都要用，因为我的粗心大意摔断了一支，这不是给老师添了许多麻烦吗？周围的同学也大吃一惊，都转过头来看着我。我在众目睽睽之下默默地捡起碎片扔进垃圾箱。当我把目光转向老师，准备挨一顿训的时候，老师却给了我一个甜甜的微笑，投来询问、关切的目光，似乎在说：“不要紧……

虽然老师没说什么，同学们也继续上课了，但我的心情依然很沉重，耷拉着脑袋。我的粗心给老师和同学带来了麻烦，我不能原谅自己！

我并不在乎那几块钱，重要的是我那粗心的坏毛病什么时候才能改掉！

2007年5月20日

今天我一直在想，有些大人总是羡慕小孩无忧无虑，其实当小孩也不容易。为什么呢？

大人可以做自己想做的事，即使做错了，小孩又不能批评他。而我们小孩就不一样了，只是因为我还有一些作业没有写，就每天只让我玩一个小时电脑。而爸爸却天天坐在电脑前。真不公平，谁让我是孩子呢！

小孩在大人心中永远不懂事，大人说话时小孩不能插嘴。只要一插嘴，他们就会说："去去去，一边玩去。"其实小孩懂的东西大人还不一定懂呢！

做小孩的在学校要考高分，回家除了做老师布置的作业，还要做爸爸妈妈布置的作业。哎，说实话，当一个小孩还真是不容易。

2007年9月12日

今天晚上，因为没有什么作业，所以有比较多的时间自己支配，感觉好自由啊！

刚才翻看了上学期写的一些日记，哈哈，挺有趣的，仿佛看见了上学期我干的那些傻事。

看，那次因为我的粗心大意把班里的体温计摔坏了，虽然老师和同学们没有说什么，但当时我的心情非常沮丧。不过呢，后来我在爸爸的帮助之下，渐渐改掉了粗心大意的毛病。现在考试的时候，很少因为粗心大意而白白丢分，真的很感谢爸爸。

爸爸今天又加班了，最近他特别忙。看来我以前的想法也有失偏颇，做大人并不是那么自由的，他们的责任可大了。

快乐学习有秘诀

学习技巧大公开

我们在写日记的时候会碰到很多问题。比如，面对摊开的一页纸，该如何下笔？每天都要面对很多人，熟悉的、陌生的，哪一个让你有所感触？每时每刻都有不同的情绪在你心里，哪一种又是你认为应该捕捉的呢？快乐的、忧伤的、矛盾的、激动的，年少易动的心思，该如何去描述呢？

快乐学习有秘诀

学习方法讲一讲

1.认真观察

事物是有特点的，我们要注意观察，在观察中分辨出事物细节上的差别。观察内容可以是自然万物，树、虫、鸟、天空、宇宙、星辰等；也可以是人情世故，如人的表情、人的语言、人的性格、人的内心世界；更可以是阅读材料和观看电视电影作品。

2.记录一些好句子

写作要有水平，需要记录背诵一些好句子，不要多，但要经常坚持。比如“洁白的良心是一个温柔的枕头”“黑夜给了我黑色的眼睛，我却用它寻找光明”“卑鄙是卑鄙者的通行证，高尚是高尚者的墓志铭”。还可以记录大量脍炙人口的古诗、古词、古曲。

3.每天写一点儿

想起来就写。写什么不作限制，可以自由发挥，想起来一件有趣的事情，或者值得思考的事情，就立即写下来。在身边带一个小本本，可能开始的时候有些困难，一步一步来，比如可以在床头、书桌、书包、厕所四个地方各放一支笔、一个小本。

快乐学习有秘诀

学习要领要掌握

熊妈妈想给远方的姨妈写一封信，但是熊妈妈的眼睛花了看不清楚，于是她一边说一边让小熊记录。小熊平时不好好学习，许多字都不会写，小熊想："如果遇到不会的字我就画圈好了。"

妈妈说："我和小熊生活很幸福，请您不要挂念，有机会我去看您。"

小熊听完后在纸上写："我和小0生活很00，请0不要00，有00我去看0。"写完信以后，熊妈妈让小熊念给她听，小熊念道："我和小圈儿生活很圈儿圈儿，请圈儿不要圈儿圈儿，有圈儿圈儿我去看圈儿。"熊妈妈听完之后哭笑不得，小熊也难为情地低下了头。

熊妈妈语重心长地说："小熊，只有好好学习文字，才能不闹笑话，否则别人也不知道你在说什么呀！"小熊使劲点了点头，下定决心好好学习语文。

快乐学习有秘诀

知识小锦囊

"儿化"在语言中有很大的作用，有些动词"儿化"之后就变成名词了，比如：画儿、盖儿、尖儿。

轻松上场

找出合适的字词，将序号填在圈里。

①姐儿俩 ②冰棍儿 ③老头儿 ④面条儿

⑤小孩儿 ⑥球儿 ⑦蒜瓣儿 ⑧馅儿饼

想一想

小熊又写了一篇日记，但是这一次它学聪明了，不会写的字用画画来解决。小朋友，你来读一读，小熊写了些什么呢？

2007年1月15日 天气：

今天下雪了！我堆了一个大大的雪人，我给它戴上爸爸的，系上妈妈的，用做雪人的鼻子，用做雪人的手。雪人真漂亮！

第23天

阅读积累与做题

学习语文有秘诀

平时的训练有多大的效果，很大程度是要通过考试体现的。当然，训练不单单是为了考试，它的好处也不仅仅局限于考试，潜移默化中它已经变成了你的思想和知识了。

佳佳这段时间学习了一些好方法，期末考试成绩下来，佳佳的语文成绩的确有了明显进步。组词造句的题考得不错，但阅读题还是不够理想，她不知怎样顺利闯过阅读题这一关。

同学鸣鸣的阅读题总是得满分，他说，语文试卷上的阅读题其实一点儿也不难。

上课前坚持预习，课堂上积极发言，下课后及时复习，认真完成作业，广泛阅读课外书。这样勤学苦练，阅读功夫就会练得很扎实。

心里有底，考试不慌。在平常的课外阅读中，练就扎实的阅读内功，还怕考卷上的几节短文章吗？所以，只要一步一个脚印，阅读题很容易拿到高分。

学习了呜呜的经验后，佳佳心里痒痒的，盼望下次考试能早点儿到来，好一试身手。

快乐学习有秘诀

学习技巧大公开

学习是一件极其漫长而艰巨的工作，所谓“学海无涯”，一个人唯有不烦不躁、不弃不辍地学习，才可能学有所成。

田园诗人陶渊明隐居时，有不少求学少年向他请教读书的方法。一天，他家里来了位少年，希望陶渊明能解答他心中的疑惑：为什么看了很多书，也没觉得有什么成效？

陶渊明拉着他走到一块稻田边，指着一棵一尺来高的禾苗说：“你仔细地瞧一瞧，看禾苗是不是在长高？”少年目不转睛地看了半天，眼睛都要瞪得流泪了，那禾苗却仍然和原来一样，不见长高。

他失望地对陶渊明说：“没见长呀！”

陶渊明又把少年带到溪边的大磨石前问他：“你看看那块石头，像磨损的马鞍一样的凹面，它是哪一天被磨成这样的呢？”

少年想了一会儿，说：“不曾见过。”

陶渊明耐心地启发说：“要你看禾苗和石头，是想让你知道，虽然眼睛观察不到，但禾苗的确是每时每刻都在生长的。如同我们做学问，知识的增长也来自平时的积累，我们自己虽然没有觉察到，但是只要持之以恒，终究可以见成效的。”

少年豁然开朗，回家后日夜苦读，从不间断。功夫不负有心人，几年后，他终于考取了功名。

所以，小朋友们不要因为觉得这段时间很卖力了，可是考试的时候成绩没有多大长进就怀疑积累的重要性了。平时的积累是根本，要想真正从根本上提高成绩，阅读积累一定不能松懈。

快乐学习有秘诀

学习方法讲一讲

1.看懂文章的大意

了解文章的大意后，再进行仔细阅读，一时看不懂的词、句，轻轻做个记号，回头再看，不要在此多花精力，以免耽误时间。

2.看懂问题要求

要一字一句地仔细读文章后面的每个问题，千万别看错题意。

3.找到问题间的联系

问题间往往是有联系的。先做比较容易的题目，再去做与它有联系的习题。找过渡句、划分段落、概括段意与归纳主要内容、理解重点词句与概括中心……这样的问题就是彼此有联系的。有时，问题的答案往往巧妙地包含在另一个习题中。

4.不留空白

就算没有把握的题目，也要通过自己的理解尽量答出来，没准就答对了；如果留着空白，一定就得不到分了。

学习要领要掌握

相传，江南某镇上有家小茶馆，生意比较冷清。一天，一位外地书生来到此地，走进这家茶馆。

品茶的时候，书生觉得洁白的壶盖上面似乎缺了点什么。于是，他灵机一动，请人拿来笔墨，绕壶盖写下“可以清心也”五个字。

老板一见喜出望外，不禁叫绝：“妙!太妙了!”自从壶盖上添了这五个字，来品茶看字的人多了，小茶馆的生意也逐渐兴隆起来了。

这五个字之所以妙，是因为不论从哪个字开始读，都是一句令人愉悦的话：“可以清心也”“以清心也可”“清心也可以”“心也可以清”“也可以清心”。不论怎样读，都是赞美这馆里的茶好，劝人来喝茶。

知识小锦囊

故事中的“可以清心也”这几个字可以顺着读，也可以倒着读。无论怎样读，意思都大致相仿，非常有趣。

轻松上场

做一做

用下面的六个字，你能组成十个不同的句子吗？和你的朋友一起来试一试！

想一想

《今古奇观》中有一首“十”字形的诗，诗的结构十分巧妙，位于中心的“龙”字，在每句诗中都处在正中间，其他每个字都使用两次，小朋友们，你们能读出来吗？

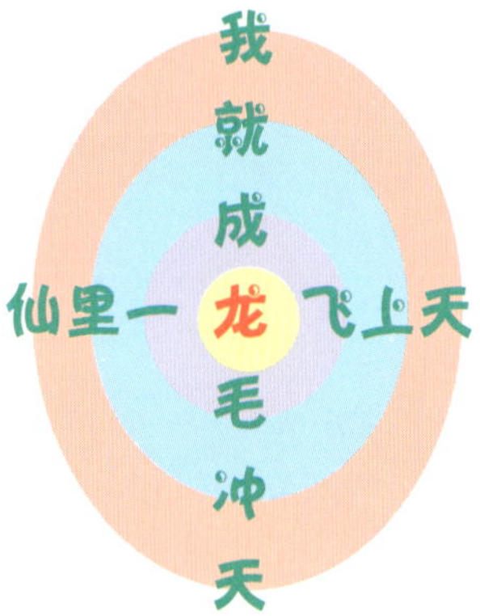

第24天

读出你的感受

学习语文有秘诀

佳佳这段时间对学习语文有了感觉，尤其是在阅读方面感觉找到了方法，没事儿的时候也不再调皮了，而是捧出她喜欢的书安安静静地读，她时常为书里的主人公牵肠挂肚。佳佳养成了一个默读的习惯，因此在学习课文的时候也不愿意读出声来。有一天上语文课，老师让同学们读古诗，只有佳佳一个人默不做声。老师来到佳佳的身边，告诉佳佳有些文学著作是要大声朗读出来的，比如说诗歌。通过大声的朗读，首先就可以表现你的积极姿态，另外还可以体会音韵美。

比如读唐诗《咏柳》，体会每一段的感情，特别是每一句的末尾词都很押韵，读起来有一种音韵的美。反复读，反复体会这种美，嘴巴和耳朵都会觉得很快乐。理解句子的意思时，感觉就更美妙了，脑海中出现了一幅春天的画，春风习习，柳树垂丝，一切都令人心旷神怡，仿佛真的身处于诗歌描写的意境中。

诗歌的妙处，不仅在于意境，还有那美妙的音韵，必须通过大声朗读才能体会到。反复朗读诗歌后，你会产生一种乐而不忘的快感。你会越读越喜欢，对语言的理解能力也大大加深了。

佳佳听了老师的建议后，也开始大声朗诵诗歌，她逐渐被美妙的音韵和意境吸引了，兴趣就在张口的瞬间产生了。

快乐学习有秘诀

学习技巧大公开

朗读是眼、耳、口、脑同时发挥作用的读书方法。通过朗读，可以加深同学们对文章思想内容的理解，具体感受到文章中语言的作用，从而提高我们的语言感受能力和运用语言的能力。

朗读要做到正确、流利、富有感情。这就需要同学们运用普通话朗读，发音清楚响亮，读准每一个字、每一个音，尽量克服方言，不读错字。同时，不能随意添字或去字，不重复。要尽量做到眼看、心想、嘴念、耳听同时并用。平时要多读，反复读，只有读得多，并且正确朗读，才能达到流利的程度。要做到有感情地读，就要更好地领会和掌握文章的内容，仔细去体会文章的字、词、句，从而激发自己的感情，使读出来的语气真切感人。

快乐学习有秘诀

学习方法讲一讲

1.停顿

朗读时，在某些词语后面作短暂的停顿。这一方面是为了充分地表达思想感情，另一方面是因为在读的过程中需要换气，就要有一定的停顿。要正确掌握如何停顿，否则就可能读错句，甚至将一个词从中间隔断。这就要求我们不仅要提高对词语的熟悉程度，而且平时还要多读。只有这样，才能够深刻领会所朗读的材料。

2.语调

朗读时，整个句子的语调要有高低升降的变化。语调对表达思想感情的作用很大，同一句话，语调不同就可能表达不同的意思。

3.重音

朗读时，对那些需要强调、突出的词语，读音要重于其他词。

小朋友们，既然有些文章适合大声朗读，那么在课下的时候，不妨找个僻静的地方大声朗读，声音越大越好，感情越充沛越好。全身心地投入到文章的意境中去，收获当然就会更大。

快乐学习有秘诀

学习要领要掌握

1942年，郭沫若只用了十天的时间就完成了著名历史剧《屈原》的话剧剧本。仅仅过了一个月，该剧被搬上舞台。

《屈原》上演的时候，郭沫若经常去剧场看演出。在《屈原》上演三四次后的一天晚上，郭沫若与饰演婵娟的张瑞芳在后台谈起第五幕第一场婵娟斥责宋玉的一句台词：

“宋玉，我特别地恨你，你辜负了先生的教训，你是没有骨气的文人!”

郭沫若说，在台下听起来，这话总觉得有点不够味。

这时候，扮演剧中钓鱼者的张逸生正在化装，他说：“把‘你是’改为‘你这’那就够味了。” 郭沫若听了这话，立即觉得这个字改得十分恰当。他从句型分析，“你是什么”只是单纯的叙述语气，而“你这什么”便是坚决的判断，表示强调。因此郭沫若立即将句子改了过来，并称张逸生为“一字之师”。

快乐学习有秘诀

知识小锦囊

表示强调除了用词，还可以用句式。比如：“那地方，除了石头还是石头。”“那件衣服，要多脏有多脏。”“要他说实话，除非太阳从西边出来。”等。

轻松上场

做一做

照样子，写一写

看了又看

(　)了又(　)　(　)了又(　)　(　)了又(　)

听到声音

(　)到(　)(　)　(　)到(　)(　)　(　)到(　)(　)

跑得快

写得(　)　想得(　)　急得(　)　跳得(　)

不慌不忙

不(　)不(　)　不(　)不(　)　不(　)不(　)

想一想

小猴子搬了新家，它想请自己的好朋友到家中做客，小猴子把准备好的东西拿给朋友吃。说："我不吃！"小羊说："我不吃！"小花猫说："我不吃！"

原来小猴子全搞错了！

请你把小动物们喜欢吃的东西连起来。

第25天

搞定作文开头，作文开头不再难

学习语文有秘诀

俗话说“万事开头难”，老师一布置写作文，豆豆就抓耳挠腮的，半天写不出一个字，好不容易憋出几行字还是觉得不行，写了又改，改了又写，到最后，一篇作文从起点又回到了原点，这个头儿还是没开了，这让他好苦恼。

幸好，这节语文课上老师针对不少像豆豆这样的同学，专门讲了如何写好作文开头，豆豆听得有滋有味。他想，只要掌握了这些方法，再写作文开头就不愁啦。

快乐学习有秘诀

学习技巧大公开

我们现在通过分析几篇优秀的范文给大家介绍几种比较常见的写法：

1.落笔扣题，开门见山

例：我的爸爸，高大的身材，方正的脸儿，有点儿像电影演员李默然。我爱爸爸，倒不光是因为他长得帅，主要是因为我敬佩他勤奋好学的精神。

——《我爱爸爸》的开头

从例子中我们可以看到，所谓“开门见山”，实际上就是开门见“人”，也可以是“事”或“物”。这种开头，就是把要描述的人、事、物直截了当地摆出来，不绕弯子，让读的人一看就知道要写什么人、什么事、什么物。至于见人、见事，还是见物，完全由题目决定。

2.说明情况，介绍背景

例：自从我懂事起，爸爸妈妈就整日为工作忙忙碌碌，不是出差，就是开会，很少在家。姐姐那时虽然不大，却成了一家之主。在我的面前，她好像是懂得很多的“大人”，我对她既信任又敬佩。

——《我的姐姐》的开头

这种类型的开头，先说明一些必须说明的情况，或交代一下事情的由来，或介绍一下背景，然后紧接着写人物或事件，使读的人更好地理解文章的内容，不至于感到突然或者莫名其妙。用这种方法开头，要防止“放出去，收不回”的情况，情况及背景不要写得过于详细。

3.提出问题，引人注意

例：我家的隔壁新搬来一家姓李的邻居。他家的家具，几乎都是大大小小的书架，上面塞满了各种各样的书。我很奇怪：这位李叔叔双目失明，他买那么多书干什么呢？

——《新邻居》的开头

这种开头，往往用疑问句、设问句或反问句提出一个非常有意思的问题，制造一个悬念，吸引人读下去。问句可以放在段末，也可以放在段首，还可以放在段中。用这种方法开头，问题要提得吸引人。

4.先讲结局，倒叙事件

例：在皎洁的月光下，我慢慢地打开盒子，凝望着一把已经显得很旧的木制小手枪，顿时，昔日与好朋友相处、离别的情景便浮现在眼前。

——《一把珍贵的小木枪》的开头

倒叙，是先写出事情的结果，再回过头写事情的起因和经过。这种开头，比较吸引人，也可以克服平铺直叙的毛病。但应注意的是，这种方式一定要由某一事、某一物、某一景触发。

但是，“文无定法”，作文的开头也无定法，只要我们多留心，多学习范文的开头方法，写好作文的开头也就不难了。

快乐学习有秘诀

学习方法讲一讲

写好作文开头歌诀：

或交代写作动机，或揭示全篇内容，
或开门见山点题，或利用精彩事例，
或交代写作背景，或引用神话传说，
或进行议论抒情，或引用名人名言，
或进行景物描写，或提出设问启后。

快乐学习有秘诀

学习要领要掌握

唐代有位苦吟诗人叫贾岛。有一次，他到京城去考举人，骑着毛驴想出了两句诗：“鸟宿池边树，僧敲月下门。”他又想把“敲”字改为“推”字，反反复复拿不定主意。他不住地在驴背上吟诵这两句诗，还用手比划着推与敲的姿势。

由于想得入了神，没注意到眼前来了大官。当时京兆尹(京城长官)韩愈正带着车马随从迎面而来，贾岛竟撞了韩愈的仪仗。

韩愈的随从气愤地把贾岛推到韩愈面前，禀报说：“此人冲撞仪仗，冒犯大人！”贾岛如梦初醒，只得如实说他在思考两句诗，拿不准用“推”字还是用“敲”字，以至于忘记了眼前的一切。

韩愈听了很感动，不但没有治他的罪，还思索了很久，告诉他说：“用‘敲’字好。”说完还约贾岛一同回到官府叙谈作诗，并留贾岛住了许多天，二人成了好朋友。

贾岛听从了韩愈的意见，在诗中用了“敲”字。后来人们就用“推敲”表示深入研究考虑的意思。久而久之，意思固定下来，“推敲”就成了一个词。

快乐学习有秘诀

知识小锦囊

“推敲”的故事一直流传至今，家喻户晓。后来“推敲”就成为一个词，用来比喻斟酌字句，反复琢磨。

轻松上场

你能为它们填上恰当的形容词吗？让它们的表达更形象、更生动！

这个梨真好吃。

这个梨又（ ）又（ ）。

明明的骑车技术高。

明明骑车又（ ）又（ ）。

妈妈买回来一个西瓜。

这个西瓜又（ ）又（ ）。

形容学校的旗杆

学校的旗杆又（ ）又（ ）。

妈妈做的饭真好吃。

妈妈做的饭又（ ）又（ ）。

想一想

你能描绘它们的声音吗？

小花猫______叫，白天就爱睡懒觉。

小山羊______叫，山上青草是美餐。

小鸭子______叫，游在水里它最欢。

小蜜蜂______叫，辛勤劳动大家爱。

小老鼠______叫，见了猫儿就害怕。

小黄牛______叫，农民朋友的好帮手。

小青蛙______叫，消灭害虫的小高手。

小黑狗______叫，看家护院它最棒！

小公鸡______叫，催人早起把活干。

第26天

写作要有一个明确的中心思想

学习语文有秘诀

童童是一个细心但不爱动脑的孩子，有一次老师布置了一篇题为《一次难忘的春游》的作文，他写得倒是很快，字数也不少，但就是读着让人很难受。现在我们一起来看看他的这篇问题作文吧：

今天，老师向我们宣布明天要到植物园去春游的消息时，整个教室沸腾了，大家谈论着怎样使春游更愉快，要准备带些什么。

回到家里，我就忙开了，买水果、买面包，还有三明治。对啦，孙俊说他带橘子水，那我带一包巧克力！晚上，我躺在床上辗转反侧，怎么也睡不着，盼望着天快点儿亮。

好容易盼到了六点，我急忙起床、洗脸、吃饭，匆匆赶到学校，满以为是第一名，却不料已经有四五个同学早已到校了。

读童童的这篇文章，没发现有吸引别人读下去的地方。最主要的原因是全篇没有一个中心思想，像是在记流水账一样枯燥无味。重点不突出，没有详略，这样是很难写出好文章的。

快乐学习有秘诀

学习技巧大公开

无论写什么文章都要有中心，因为写文章是为了反映对客观事物的认识。表达思想感情总有个目的，要告诉读者一件事，通过这件事说明什么道理，或者歌颂、赞扬哪种行为及品质等。如果没有中心，就成了语言文字的堆砌，就不能达到写作的目的。如果说审题是解决“写什么”的问题，那么确定中心就是解决“说明什么”的问题。

文章的中心思想要健康积极。文章的中心集中地反映作者对客观事物的认识，是作者思想感情的表现。作者具有美好的思想感情，才能使自己的文章中心思想健康积极，才能写出好的文章来。一篇作文，对好与坏、正确与错误，必须要有正确而鲜明的态度，不能含糊不清，更不能是非不分。只有有了正确的、健康的、积极向上的中心，写出的文章才有时代特征，才能使人读后从中受到启发和教育。

文章的中心思想必须集中、单一。一篇文章，只能集中表达一个中心思想，讲清一个问题，做到一文一中心。中心就像一条红线一样，要从头至尾贯串全文，文章中所用的材料内容，都要为中心服务。

文章的中心思想不是凭空产生的，而是在对题目，对具体材料进行分析研究后，提炼归纳出来的。

由于作文要求的类型不同，确定文章的中心思想时可采用不同的方法。

快乐学习有秘诀

学习方法讲一讲

第一，根据题目确定中心

如《一个信守诺言的同学》，中心是赞扬同学“信守诺言”的好品质，根据题目中的关键词就可以确定文章的中心思想。

第二，依据材料确定中心

有的题目没有确定或者涉及中心思想，但一般规定了中心思想大致的范围，如《发生在家中的一件事》《放学路上》……这些文章就要根据所选材料来确立中心。譬如《放学路上》这个题目，如果准备写一位同学在路上搀扶一位盲人过马路，那么文章中心思想就是通过这件事赞美这位同学助人为乐的好品德；如果准备写一辆汽车撞伤人后逃跑，周围的人将伤员送到医院，则文章的中心既包括对肇事者的谴责，又包括赞扬围观的人民群众的高尚品质。对这类题目，就要依据选择的材料，自己确定一个中心。

第三，通过分析判断确定中心

如《记暑假中一件有意义的事》，要确定中心，还必须认真分析这件事为什么有意义，有什么意义，这样文章的中心就比较容易确定了。

第四，审题确定中心

看一看题目要求我们写些什么，根据题目的要求来确定中心。

确定中心的方法是比较多的，在具体的练习及考试中要综合使用各种方法，迅速确定中心。

快乐学习有秘诀

学习要领要掌握

靖郭君的封地在齐国的境内，他打算在封地的周围建一道城墙，有许多人都来劝他，但是他不肯听。有一个聪明的齐国人想要见靖郭君，被士兵拦在外面。于是，他对通报人说：“我只说三个字，多说一个字，我情愿被处死。”

靖郭君接见了那个人，那个人说：“海大鱼。”说完转身就走了。

“海大鱼？”靖郭君莫名其妙，马上让他留步，请他继续说下去。

那人说：“您知道海上的大鱼吗？渔网网不住它，鱼钩也钩不住它，可是它一旦被海水冲到岸上来，就连小小的蚂蚁也能把它吃掉。如今您的封地在齐国的里面，齐国就像您的海水。假如齐国灭亡了，您就算把城墙修到天上去也没有用啊！”

快乐学习有秘诀

知识小锦囊

故事中那个聪明的人将“靖郭君”比做海里的大鱼，而将“齐国”比做“大海”。我们在生活中也可以用比喻的巧妙方法，能达到事半功倍的效果。

轻松上场

你能给它们找到最贴切的比喻吗？请给它们找到合适的位置。

①小蜜蜂　②蜡烛　③飞鱼　④乌龟

小明非常热爱劳动，像一只勤劳的（　）。

车开得很慢，像一只（　）在爬。

小强是游泳好手，在水里他像一只欢快的（　）。

老师像（　）一样，燃烧了自己，照亮了别人。

想一想

试着把下面的句子描写得更具体。

小雨在房间里听妈妈讲故事。

小雨在（　　）的房间里（　　）听妈妈讲故事。

什么样的房间　　怎样听

树上结满了苹果。

树上结满了（　　）苹果。

什么样的苹果

小朋友们在操场上做早操。

小朋友们在操场上（　　）做早操

怎样做早操

第27天

培养正确对待考试的态度

学习语文有秘诀

卢尧尧每次考试前都很紧张，甚至一连几天都头痛、失眠。等考卷发下来之后，看到会做的题还好，如果碰巧遇到个难题，那就更惨了，她会感到头皮发麻，思路全都打乱了，根本不知道该怎么解决。有一次参加语文小主持人选拔比赛，本来准备很好的她，竟然还没等轮到她时，自己就先晕倒了。

为此，妈妈很着急，陪她去看了一次心理医生。心理医生首先给她讲了一个故事：

有一个人去一个大公司应聘。面试出来，满面春风，自认为把握很大，胜券在握。不料天有不测风云，结果公布的时候他没有应聘上。他悲痛万分，羞愧不已，心里有了轻生的念头，幸好被人及时送到医院才得以挽救生命。后来，公司在检查录取工作时发现存在着问题，本来他应该是位居榜首的，却未被录取。消息传来该青年非常高兴。几天后，公司派人来道歉，但更重要的是告诉他已被取消了录取资格。理由是：一个小小的挫折都经受不起的人，是不可能在你争我夺的商界为公司创造财富的！

然后，心理医生笑着问卢尧尧：发生这样的事是不是很可惜？有些事情其实并不像你想象的那样，乐观、向上的态度是一个人最难能可贵的品质。考试并不可怕，可怕的是你没有一个正确的态度。

快乐学习有秘诀

学习技巧大公开

那么你呢？有没有被考试击倒过？面对考试，你有没有一个正确的态度呢？

其实，考试是一种测验的手段。你辛辛苦苦学了这么久不也是为了验证自己的学习成果吗？成绩不好没关系，说明你在平时的学习中存在着一些方法问题或者缺少一些考场技巧。这能提醒你以后该怎么努力，不是吗？没有失败哪有成功，如果总是成功，你就不会知道什么叫失败。

考试的目的在于考察你的创造力、理解力、思考能力等多方面的综合水平。所以，学习时，不能光死记硬背，还要注重理解，培养自己的综合思考能力。

快乐学习有秘诀

学习方法讲一讲

1.要培养做事仔细、认真的习惯

有些同学聪明又能干，学习也不错，但却有马虎的毛病，自认为会了，没问题，却没审好题，结果答错了。对于这样的同学，要培养做事、做作业、考试时精益求精，一丝不苟的习惯。

2.以平常心对待考试

进入考场拿到考卷不管是什么题都要以平常心对待，对难题不畏惧，对简单题不盲目乐观。像对待难题一样全力以赴，就完全有可能把简单题的分全部拿足。拿足了简单题的分，心中就有底了，就会更有信心去解决那些难题，争取更高的分数。

3.进行准和快的训练

要根据考试常犯的错误、常出的毛病、常马虎的地方选定一些题目自己来做，要求又准又快。这样来训练做题的准确性，提高准确率，达到既准又快。经过这样的多次训练就会提高简单题的成功率，逐步可以达到百分之百。

4.学会自我监督

抄录自我提醒的“语录”。例如，“坚决消灭错别字”“不要忘记复数”等，放在自己桌子的玻璃板下，或贴在作业本的第一页上，提醒注意改正粗心的习惯。针对各门课程的不同情况写出一些自我提醒的语句，这对克服考试粗心的坏习惯很有好处。

考试和平时做练习不同，尤其是大型考试，所以考前的状态调整很重要哦：

第一，调整生物钟，把休息时间延长

大多数同学平时休息得很晚，在调整阶段，晚上睡觉的时间要一点点儿提前，千万不要在最后阶段搞“疲劳战术”。

注意把自己感觉最有效的时间段调整到与考试相吻合的早上9点到11点，下午3点到5点。可以在这两个阶段做和考试科目、题型相类似的习题。

第二，缓解压力

考试一点儿压力都没有是不可能的，但要努力把它控制在一个范围内。

考试时间虽然短暂，但需要的是平时的积累，稳扎稳打才能百考不败。就让我们从生活的点滴之处做起吧，正确地面对考试，相信你平时的付出会换来

丰硕的回报。

学习要领要掌握

相传在战国时期，有一位神箭手名叫更羸。有一天，更羸和魏王一起站在高台上观望。有一只大雁从天空中慢慢飞过，一边飞一边鸣叫着。更羸说：“我不用箭，只要拉一下弓就能把这只大雁射下来。”

魏王非常怀疑更羸的话，以为更羸在开玩笑。当大雁慢慢飞近了之后，更羸拿出弓，对着天空的大雁拉动空弓。“嘣！”弓弦发出了一声沉闷的声音，只见那只正在飞翔的大雁应声而落。魏王大吃一惊，说：“你的本领真大，已经到了如此高的境界啊！”

更羸笑着说：“不是我的本领大，因为刚才那只大雁是一只受过箭伤的大雁。它的鸣叫悲惨，是因为伤口非常疼痛。它一听到弓响，受到了惊吓，想马上逃跑，可是一用力，伤口剧烈疼痛，结果就跌落下来了。”

知识小锦囊

故事中的大雁由于受过箭伤，所以听到了弓弦的声音就惊惶万分。这个成语的寓意是指有的人在某一件事情上吃过亏后，就老是害怕发生类似的事情。

轻松上场

下面是关于“虎”字的成语，你能把它们补充完整吗？

			虎
		虎	
	虎		
虎			

虎			
	虎		
		虎	
			虎

想一想

玲玲把一个成语的部首全部拆开了，然后随便放在方格中，你能猜到这个成语是什么吗？写在下面的空格中。

宀	寸	木	朱	彳	寺	兔

第28天

阅读得高分，速度是关键

学习语文有秘诀

菲菲看书有个习惯，喜欢用手指着字来读，一个字一个字读得慢吞吞的，好像蜗牛爬坡，但她自己却不觉得慢。直到有一天，鸣鸣带来了一本《格林童话》和她一起读，菲菲才发现，自己的阅读速度还不及鸣鸣的三分之一，鸣鸣看完一页了，她才看完几行。

“唉！”菲菲直叹气。

鸣鸣告诉她，指着字看书最慢了，必须改掉这个坏习惯！

菲菲问鸣鸣，怎样才能提高阅读速度呢？

鸣鸣告诉她，刚开使的时候，他和菲菲一样读书速度很慢，也不知道该怎样提高阅读速度。鸣鸣后来询问了优优老师，优优老师给鸣鸣一些建议，并给他讲了一个故事：

非洲大草原的羚羊，是非常善跑的动物，每天早上，太阳一升起来，它就开始奔跑。因为它没有锋利的尖牙和爪子，必须通过奔跑来躲避狮子的袭击。跑得快的羚羊，获取的食物也多，也相对安全。在自然界，速度就是生存和发展的资本。

呜呜牢记优优老师的教导，进步很快，现在他一直在有意识地提高自己的阅读速度，这也就是他每次做阅读题总能拿满分的秘诀。

快乐学习有秘诀

学习技巧大公开

自从我们开始认字以来，阅读就会伴随着我们成长，学习过程几乎完全靠阅读来完成。可是尽管我们在不停地读书，许多学生对读书仍然存在着一些错误的想法：“我愿意怎么读就怎么读。”“我觉得这样读没什么不好嘛。”

其实，这些都是错误的阅读观念，是一种阅读不成熟的表现。有许多歌唱家，天生一副好嗓子，可是如果没有后天的训练与开发，也很难成为名家。阅读也是如此。有的人读书很有天赋，理解力很强，对内容记忆深刻，书看得也多。可是如果不学习并掌握正确的阅读方法，只是依靠天赋，这种优势不会长久，阅读水平也难有大的提高。在众多阅读的方法中，给阅读“提速”是重中之重。

学习方法讲一讲

给阅读提速的好方法：

1.集中精力

不要把双腿很放松地搁在桌子上，要有意识地把两只脚放在地上。迅速浏览文章，要经常对自己说“更快，更快……”另外，进行阅读训练时，不要选择太软的椅子，否则你会感觉很疲劳，并且容易昏昏欲睡。

2.让眼睛当电脑的“鼠标”，迅速点击目标

迅速浏览序言和目录，对书的内容有个大概的了解，然后根据自己的需要阅读某些章节，迅速获得自己所需要的信息。

3.搜索精华

要在短时间内读到最多的内容，必须抓住关键词、中心句，这肯定是精华部分，其他内容可以一眼带过。

4.把要点串起来

书本或文章内容比较多时，要把主要观点前后贯串起来，像用绳子串珠子一样，才能得到一个完整的印象。不注意前后联系，看了后面忘前面，好像读得很快，其实什么也没记住。

5.大脑要高速运转，看得快、想得快

这段文字说的什么意思？上段文字讲了什么故事？理解得快，阅读的速度自然也就快了。

快乐学习有秘诀

学习要领要掌握

晋平公是春秋时期晋国的国君，有一天他对大臣师旷说："我现在已经七十岁了，总觉得自己学问不够。虽然很想读书学习，但年纪太大了，已经晚了。"

"晚了吗？"师旷说，"晚了就点上蜡烛呀！"

"我和你说正经的，你却和我开起玩笑来了。"晋平公说。

师旷说："我哪敢和您开玩笑呢？我的意思是说，一个人在少年的时候学习，他的前途就像早晨的太阳一样辉煌灿烂。如果在中年的时候学习，就像是中午的太阳，还有半天的时光。人到了老年，就只有蜡烛一样的光亮了。蜡烛虽然不怎么明亮，但是比在黑暗中摸索要好呀！"

虽然人到了老年，学习的精力没有少年和中年的时候旺盛了，但是与摸黑走路相比，还是好很多，从而说服了晋平公继续学习。

快乐学习有秘诀

知识小锦囊

人的一生都要进行学习，不要认为离开了学校我们就不用学习了。"学海无涯""活到老学到老"就是这个道理，只有不断学习才能进步。

轻松上场

请你填上正确的动词。

（　）电话　（　）新房　（　）电视　（　）喇叭

（　）大马　（　）雪人　（　）作业　（　）苹果

想一想

我是一个小诗人！

春天到了，万物开始复苏，
小燕子________________，
小草________________，
小溪里的水________________，
柳树________________，
小朋友们________________，
老师________________，
爸爸________________，
妈妈________________，
我________________。

第29天

考试成功的秘诀

学习语文有秘诀

优优老师把考完的试卷发下来了，每个同学都争先恐后地看自己的语文成绩，唯独豆豆不慌不忙，摆出一副胜券在握的样子。因为他觉得这次的考试对他来说太简单了，尤其是那道阅读题，自己曾在一本课外的辅导书中做过，怎么着这回也该扬眉吐气一把了。

可是当同学把试卷传到他的手中时，他不禁眉头紧皱，接着他又怀疑是不是老师搞错了。当他仔细地看了一遍卷子后，发现确实是自己弄错了。这是什么原因呢，在平时练习时很容易做对的题在考试的时候却做错了，豆豆真是百思不得其解。

这时优优老师过来了，似乎是看出了豆豆的心思，对豆豆说："考试和平时的做练习不一样啊，尤其是以后你还会遇到大型的考试，有些问题是要注意的，你知道的很多，但如果你不善于把你的知识用于你的需要，那就没什么用处。每个同学都希望把考试考好。所谓把考试考好，无非是指在考试中尽量避免各种大大小小的错误，发挥最佳水平，取得理想成绩。其实，对于考试来说，这里面还是有一些小诀窍的。"

豆豆若有所思地点了点头。

快乐学习有秘诀

学习技巧大公开

考试的时候，为什么会出现明明会做的题也做错的情况呢？除了粗心的原因，一定还有别的原因。考试的时候，为什么会出现两个平时学习实力相当的人成绩却相差悬殊的情况呢？除了知识积累，一定还有别的什么原因。那么，是什么原因呢？

其实，还有一些应试技巧的原因。即使你平时学习很用功，也应掌握一些考试技巧，这会帮助你避免丢一些不该丢掉的得分。

快乐学习有秘诀

学习方法讲一讲

应对考试的一些小技巧：

1.熟悉题型法

平常就要熟悉考试的题型，有意识地针对考试的题型来练习。即使考试出现了平时不熟悉的题型，也不要慌，其实这些题并没有脱离你平常学习的范围，只是形式上变化了一下而已。

2.安排好答题的时间和答题的次序

开始答卷时，一定要仔细看清题目，特别是在升学考试这种大考中，一道题的重要性，那是不言而喻的。

仔细看清题目后，最好多念几遍，领会题目的要求，然后先答容易的题，顺利进入状态后，你就会越答越顺手。

一下子想不起答案的，先做个能擦掉的标记，答完其他题时再回头找它“算账”。

如果答完其他题后，发现没有时间再思考它了，索性就猜个答案，做个标记，考完后再仔细研究它。

如果这套题答得很顺利，也不要得意忘形，还要仔细检查一遍，看看是否有疏忽。

3.选项不留空白

对选择题要读完每个选项，实在选不出正确的答案，就猜一个，千万别留空白。这只是一个权宜之计，考完后，你必须把这些问题真正搞清楚。

4.检查时，重点放在最初没有把握的题目上

别受第一遍的影响，把它当做新题重新做一遍。

5.保持卷面的清洁美观

保持卷面的清洁，不要在卷子上乱涂乱画，字迹要工整。这在大型考试中尤其重要。

学习要领要掌握

宋朝时，有一个著名的画家，名叫文同，是当时画竹子的高手。为了能够画好竹子，不管是春夏秋冬，也不管是刮风下雨，他都常年不断地在竹林子里钻来钻去。

有一天，天空刮起了大风，紧接着电闪雷鸣，眼看着一场暴雨就要来临了。人们都纷纷往家跑。可就在这时候，坐在家里的文同，急急忙忙抓过一顶草帽，往头上一扣，直往山上的竹林子里奔去。他刚走出大门，倾盆的大雨就下起来了。

文同一心想看风雨中的竹子，顾不得雨急路滑，爬上山坡，奔向竹林。当他气喘吁吁地跑进竹林，没顾上抹一下流到脸上的雨水，两眼就一眨不眨地观察起竹子来了。

由于文同长年对竹子细致的观察和研究，对竹子在一年四季中不同的变化情况，在阴晴雨雪天和强烈阳光下，竹子的颜色、姿势的变化，都已经记在了他的心里。

后来，文同画竹子的时候根本就不用草图。只要闭目凝思，然后一挥而就，画出来的竹子就像真的一样。

快乐学习有秘诀

知识小锦囊

画竹子时心里有一幅竹子的形象，比喻做事情之前已经有通盘的考虑。在学习的时候，我们也要多注重知识的积累，这样才能取得好成绩。

轻松上场

做一做

有些关于“最”的谜语，它们的答案都是成语，比如：“最长的寿命——万寿无疆”。下面，你也来猜一猜吧！

最难做的饭—

最短的季节—

最大的巴掌—

最吝啬的人—

最厉害的贼—

最大的家—

最多的颜色—

最怪的动物—

最有分量的话—

最失望的心情—

最遥远的地方—

最荒凉的地方—

想一想

全	霄	嘴	神	湖	海	长	话	毛
十	云	八	无	四	为	两	不	不
美	外	舌	主	海	家	短	说	拔

第30天

画龙点睛，写好作文的结尾

学习语文有秘诀

微微是个写作能手，每次老师都拿她的作文当范文讲读，这可把她的同桌刘强给羡慕坏了，闲暇的时候，他就向微微取经，希望有朝一日能风光一把。

这一天，刘强把自己写好的作文拿来给微微看，微微仔细地读着刘强的作文，一开始的时候，微微觉得刘强的作文写得很吸引人，构思很巧妙。可是读着读着，她就觉得没什么意思了，最后的结尾更是平凡无奇。

微微就对刘强说：“刘强，你的作文是不是不大注意结尾的技巧啊？”

刘强一脸无辜地说：“难道作文的结尾还有技巧吗？我从来没有想过啊。以前我一直认为作文能有个好的开头、好的情节就可以了，在结尾上我倒真的没有下过什么工夫。”

微微笑着说：“这就是啦！一个好的作文结尾，可以起到水到渠成、锦上添花的作用。虽然你的文章前面读起来很有吸引力，可是到了结尾就有一种让人很失望的感觉，这也许就是你的作文不出彩的原因了。修改一下结尾，我相信这次的范文一定有你的作文！”

快乐学习有秘诀

学习技巧大公开

要想写个好结尾，是有一些技巧的，比如说结尾要写得自然、含蓄，并且不要只用一种写法，落入俗套。

结尾写法有很多，这里介绍四种结尾的方法：

自然性结尾

就是用所叙述的事情的结果做文章的结尾，事情写完了，文章也就结束了。这种结尾方式简洁、干脆，给人一种自然的感觉。

例如：有位同学写了一篇文章叫《盼》，写的是期末时老师要普遍对学生进行一次家访，征求家长对这一学期教学的意见，同时向家长汇报学生的成绩。“我”在家里扫地、擦桌子，并准备了给老师的礼物——挂历，盼老师到来。但是，盼呀盼呀，一次次脚步声，一次次敲门声，进来的都不是老师。文章最后写道：

当当当……时钟敲了八下。八点了，老师还没有来。我想，老师恐怕不会来了。天这么晚了，老师不回家吃饭吗？难道她的肚子不饿吗？老师的女儿不等她回去做饭吗？老师每天工作12个小时以上，现在也该休息了。于是，我无精打采地开始铺床，准备睡觉。我刚把被子放下来，就听到一阵有节奏的敲门声，伴随着悄声话语：“刘芳在家吗？”这是多么熟悉的声音啊！那么亲切，那么温和！老师来了！我怀着高兴的心情急忙跑去开门……

总结性结尾

就是把全文的内容加以总结、概括、提高，直接显示、表明主题。例如，有位同学写《我的爸爸》，先写爸爸是个医生，而业余时间热衷于学习无线电知识，再写爸爸经常利用星期日帮邻居修理电视机、录音机，却不要任何报酬，又写爸爸有一次把别人的录音机零件弄坏了，自己出钱去配，文章最后写道：

爸爸就是这样一个人，用妈妈的话来说他是一个只想人家、不想自己的“傻瓜蛋”，可邻居们喜欢他，我也特别喜欢爸爸。

这个结尾，是用似贬实褒的手法，对全文作一个总结，赞扬爸爸乐于助人的高尚品质。这种总结性的结尾，要写得简短有力、含蓄生动。

启发性结尾

这种结尾的特点是把还要写下去的话停住不写，让读的人自己去回味、思考、想象。这种结尾能引起人们的联想、深思，因而能增强文章的感染力。例如，有位同学在《农村的秋天》一文中就是这样结尾的：

我们返回城里已经是傍晚了。当我回头望着两边灿烂的晚霞时，心想：郊区农村那金色的田野，在晚霞的余晖中，一定会显得更美丽吧！

呼应性结尾

就是在全文结束时，呼应开头，使文章显得结构完整，有头有尾。例如，有位同学的《一件纪念品》，用的就是这种结尾。

他在开头写道：

在我的小抽屉里，端端正正地放着一枚精致的纪念章。这枚纪念章虽然不怎么显眼，但是一年多来，它总能引起我对往事的回忆，使我想起那个可亲可敬的同学。

结尾这样写道：

日月不居，时光如流，一晃一年多过去了。可是，这枚凝结着团结友谊的纪念章，时时勾起我对往事的回忆，令我思念他——一位令人钦佩的同学。

学习方法讲一讲

作文结尾歌诀：

或提纲挈领作结论，或承上启下点题明，

或戛然而止笔利落，或由此及彼转笔锋，

或言犹未尽引人思，或有意重复打烙印，

或问己问人辨是非，或引经据典回味浓，

或发出号召激斗志，或抒发情感意深远。

学习要领要掌握

从前，有一个很有学问的皇帝，喜欢做诗填词。

有一年冬天，天上下起鹅毛大雪，雪花漫天飞舞，非常好看。皇帝把许多人叫来一起赏雪。看到这样的美景，皇帝想作诗一首，大臣们都在旁边洗耳恭听。

皇帝吟道：

“一片一片又一片，

两片三片四五片，

六片七片八九片，”

前面的三句都是在数数字，只剩最后一句了，不能再数了。皇帝一时间想不起来该怎么收尾了，这可怎么办呢？正在为难的时候，其中一个大臣上前说：“请恩准臣来接最后一句。”皇帝巴不得有人解围，马上同意了。那位大臣大声说出最后一句诗：“飞入芦花都不见。”

前面的几句其实根本就不像诗，但是加上最后一句之后，却变成了一首很有趣味性的好诗了。

快乐学习有秘诀

知识小锦囊

作诗的时候要有妙句，但是如果句句都是妙句，便不觉奇妙。像故事中的这首诗，前头不像诗，在平淡之后异峰突起，化腐朽为神奇，令人惊讶、拜服。

轻松上场

你能补充完整下面的诗吗？

欲穷千里目，更上（　　）层楼。

南朝（　　）百八十寺，多少楼台烟雨中。

不知细叶谁裁出，（　　）月春风似剪刀。

竹外桃花（　　）两枝，春江水暖鸭先知。

城阙辅（　　）秦，风烟望五津。

停车坐爱枫林晚，霜叶红于（　　）月花。

二十（　　）桥明月夜，玉人何处教吹箫？

黄河远上白云间，（　　）片孤城万仞山。

想一想

这是一首诗，你能把它读出来吗？

龙
凤凤
泉泉泉
山山山
水水水水
会
仙仙仙仙仙仙仙仙
湖湖湖湖湖
海海海海
为朋友
走走走走走走走走走
江河
川川川川

参考答案

第1天

做一做：

1.为什么蚂蚁会搬家呢？

2.春天来了，燕子从南方飞回来了。

3.这里的景色多美啊！

4.妈妈说：“今天吃面条。”

5.天真蓝呀！

6.明天，我和红红去爬山。

想一想：

主人的意思：下雨天留客，天留我不留！

客人的意思：下雨天，留客天，留我不？留！

第2天

想一想：

土、申、古、太、午、井、玉

第3天

想一想：

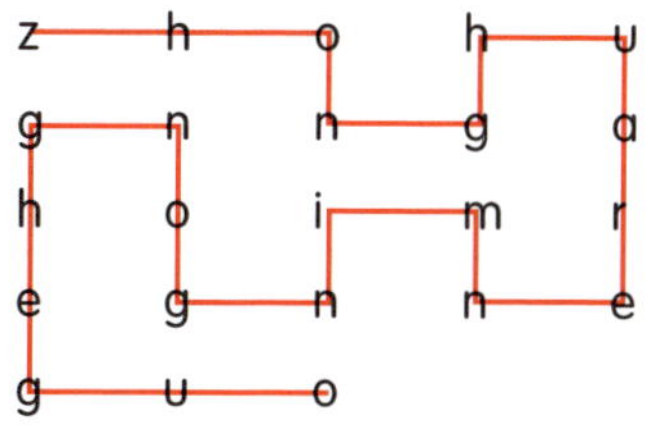

第4天

做一做：

缸、缸、盆、盆、碗、碗、勺、勺、豆

想一想：

品、田、吾、晶、叱、叭。

第5天

做一做：

多可惜呀！

我是一个好孩子。

祝大家成功！

走！快走！

哎呀，真是美极了！

难道真的是这样吗？

“外婆！”我欢叫着跑进院子。

喂！该醒了吧。

枪声！

第6天

想一想：

张爷爷是“八十八”岁，李奶奶是“八十一”岁。

“本”字是“八”“十”“一”三部分组成的。“米”字是“八”“\/”“十”“八”三部分组成的。

第7天

做一做：

shèng chéng dǎo

dào cháo zhāo

做一做

chāi cī chà chā

第8天

做一做：

灭令舌干羊体鸟睛兵季

拔龙刃必免再太闩狼吐

想一想：

禁、玻、嘿、灯、闲、愿。

第9天

做一做：

① ③ ④

⑥ ② ⑤

第10天

想一想：

第一个花中间的字是“土”。

第二个花中间字是“口”。

第三个花中间字是“日”。

第四个花中间字是“心”。

第五个花中间字是“石”。

第11天

想一想

d ɑ o t b ü w s j

g e d t q ü w f

第12天

想一想：

众、好、回、否、生、夫、功、贬

第13天

做一做：

表里如一、昙花一现、从一而终、一分为二

朝三暮四、颠三倒四、说三道四、不三不四

想一想：

兔死狐悲、狐假虎威、龙争虎斗

第14天

做一做：

左邻右舍、取长补短、先斩后奏、喜新厌旧、大惊小怪，大同小异、积少成多、南来北往、东奔西跑、出生入死。

第15天

做一做：

中间应该填的字是“木”。八种树是：松、杏、枫、榕、槐、柳、柏、橡。

第16天

做一做：

聪明伶俐的 又高又大的。

欢快的 自由自在地。

活泼可爱的 津津有味地。

寒冷的 洁白的 漫天。

第18天

想一想：

鼠目寸光、对牛弹琴、狐假虎威、守株待兔、龙飞凤舞、画蛇添足、三羊开泰、马到成功、猴年马月、闻鸡起舞、狗尾续貂、猪狗不如。

第19天

做一做：

愁 深 孤 闹 愁

第20天

想一想：

这个字是“口”，组成的字是：日、旦、亘、吾、电、舌。

第21天

想一想：

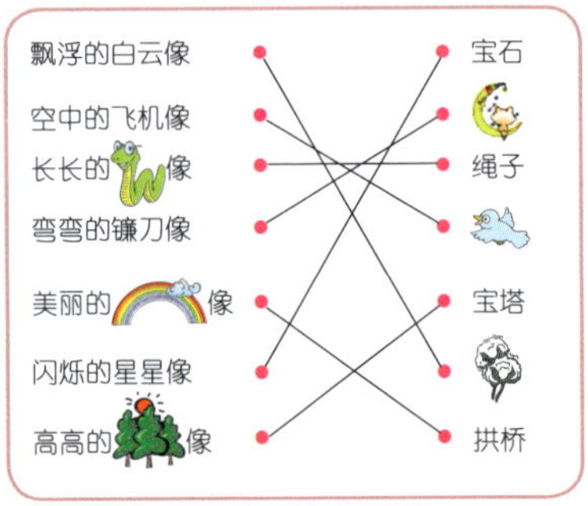

第22天

做一做：

⑦ ③ ⑥ ④

① ⑧ ⑤ ②

第23天

做一做：

小山羊吃上草

小羊吃草上山

小羊吃山上草

羊吃小草上山
羊吃草上小山
羊吃山上小草
山上小羊吃草
山羊吃上小草
羊吃小山上草
小羊上山吃草

想一想：

这首“十”字诗的读法是：天上飞龙一里仙，仙里一龙毛冲天，天冲毛龙成就我，我就成龙飞上天。

第24天

做一做：

望了又望、找了又找、听了又听

闻到气味、看到美景、想到过去

写得好、想得美、急得哭跳得远

不紧不慢、不大不小、不言不语

第25天

做一做：

脆、甜，快、稳，大、圆，高、直，可口、美味。

想一想：

喵喵、咩咩、嘎嘎、嗡嗡、吱吱、哞哞、呱呱、汪汪、喔喔。

第26天

做一做：①④③②

想一想：

温暖、聚精会神，又大又红，认真地。

第27天

做一做：

生龙活虎、狐假虎威、谈虎色变、虎头虎脑。虎视眈眈、为虎作伥、龙腾虎跃、马马虎虎。

第28天

做一做：

打电话、盖新房、看电视、吹喇叭、骑大马、堆雪人、写作业、摘苹果。

第29天

做一做：

最难做的饭——无米之炊，最短的季节——一日三秋，最大的巴掌——一手遮天，最吝啬的人——一毛不拔，最厉害的贼——偷天换日，最大的家——四海为家，最多的颜色——万紫千红，最怪的动物——虎头蛇尾，最有分量的话——一言九鼎，最失望的心情——万念俱灰，最遥远的地方——天涯海角，最荒凉的地方——不毛之地。

想一想：

十全十美、九霄云外、七嘴八舌、六神无主、五湖四海、四海为家、三长两短、二话不说、一毛不拔。

第30天

想一想：

一龙二凤镇三泉，三山四水会八仙。五湖四海为朋友，久走江河到四川。

其中以“正”(三个“泉”字正写)谐音是“镇”，“九”(九个“走”字)谐音是“久”，“倒”(四个“川”字倒写)谐音是“到”。

图书在版编目（CIP）数据

30天开窍学语文 / 学习型中国·读书工程教研中心主编. -- 南京：江苏凤凰科学技术出版社，2016.8（2020.6重印）
（小学生爱读本）
ISBN 978-7-5537-5460-4

Ⅰ. ①3… Ⅱ. ①学… Ⅲ. ①小学语文课－教学参考资料 Ⅳ. ①G624.203

中国版本图书馆 CIP 数据核字 (2015) 第 230821 号

30天开窍学语文

主　　编　学习型中国·读书工程教研中心
责任编辑　葛　昀
责任监制　方　晨

出版发行　江苏凤凰科学技术出版社
出版社地址　南京市湖南路 1 号 A 楼，邮编：210009
出版社网址　http://www.pspress.cn
印　　刷　河南瑞之光印刷股份有限公司

开　　本　718mm × 1000mm　1/16
印　　张　12.5
字　　数　150 000
版　　次　2016年8月第1版
印　　次　2020年6月第2次印刷

标准书号　ISBN 978-7-5537-5460-4
定　　价　24.80元